本书由重庆市知识产权局知识产权实务类著作项目资助

/ 知识产权保护和运用调查研究系列丛书 /

地理标志保护调查研究

苏平 |主编|

范小渝 杨练 |副主编|

知识产权出版社
全国百佳图书出版单位
—北京—

图书在版编目（CIP）数据

地理标志保护调查研究/苏平主编.—北京：知识产权出版社，2025.5.—（知识产权保护和运用调查研究系列丛书）.—ISBN 978-7-5130-9779-6

Ⅰ.D923.434

中国国家版本馆 CIP 数据核字第 2025HR3213 号

责任编辑：韩婷婷　　　　　　责任校对：谷　洋
封面设计：研美设计　　　　　　责任印制：孙婷婷

地理标志保护调查研究

主　编　苏　平
副主编　范小渝　杨　练

出版发行：知识产权出版社有限责任公司	网　址：http://www.ipph.cn
社　址：北京市海淀区气象路 50 号院	邮　编：100081
责编电话：010-82000860 转 8359	责编邮箱：176245578@qq.com
发行电话：010-82000860 转 8101/8102	发行传真：010-82000893/82005070/82000270
印　刷：三河市国英印务有限公司	经　销：新华书店、各大网上书店及相关专业书店
开　本：720mm×1000mm　1/16	印　张：11.25
版　次：2025 年 5 月第 1 版	印　次：2025 年 5 月第 1 次印刷
字　数：161 千字	定　价：69.00 元
ISBN 978-7-5130-9779-6	

出版权专有　侵权必究
如有印装质量问题，本社负责调换。

序 言
PREFACE

习近平总书记强调,"调查研究是谋事之基、成事之道","创新是引领发展的第一动力,保护知识产权就是保护创新"。为了提高大学生社会调查能力和对知识产权保护的热情,塑造尊重知识、崇尚创新、诚信守法、公平竞争的知识产权文化理念,为知识产权强国建设献计献策并提供数据支撑,重庆理工大学与重庆市知识产权研究会于2023年联合举办了首届全国大学生知识产权调研大赛。大赛由重庆理工大学重庆知识产权学院、重庆市科技创新知识产权研究中心、重庆理工大学重庆市知识产权文化教育传播基地承办,重庆士继嘉知识产权研究院、重庆顾迪知识产权运营集团协办。

本届大赛吸引了来自中国人民大学、中国科学院大学、北京师范大学、对外经济贸易大学、中南大学、北京理工大学、华东政法大学、西南政法大学、南京理工大学、重庆理工大学等多所全国知名高校的近百支队伍参加,在全国知识产权领域产生了广泛影响。

"知识产权保护和运用调查研究系列丛书"系全国大学生知识产权调研大赛优秀获奖作品的结集出版,首届大赛获奖作品按照主题共出版三本,分别是《非物质文化遗产知识产权保护调查研究》、《校企知识产权保护与人才培养调查研究》和《地理标志保护调查研究》。希望本丛书的出版能够为知识产权强国建设和区域知识产权发展提供数据支撑。

重庆理工大学重庆知识产权学院
重庆市科技创新知识产权研究中心   苏 平

2024 年 12 月

目 录
CONTENTS

重庆涪陵榨菜产业知识产权现状调研报告 …………………… 001

道地药材地理标志保护现状与分析
　　——以中医药和地理标志双"十四五"规划为背景 …………… 034

加强地理标志保护，赋能乡村振兴
　　——以重庆市地理标志为例 ………………………………… 064

适用地理标志制度保护地方小吃的法律路径研究
　　——以淄博烧烤为例 ………………………………………… 083

"地标"兴农：消费者视角下的地理标志商标侵权规制研究 …… 109

农产品地理标志运用问题及对策研究
　　——以重庆市石柱县中益蜂蜜为例 ………………………… 150

重庆涪陵榨菜产业知识产权现状调研报告*

一、引言

榨菜是中国的名特产之一，与法国酸黄瓜、德国甜酸甘蓝并称为世界三大名腌菜，也是中国对外出口的三大名菜（榨菜、薇菜、竹笋）之一。[1]而重庆涪陵榨菜是中国榨菜的典型代表。涪陵制作泡菜、干咸菜的历史已逾千年，采用木箱榨除盐水制作而成的榨菜也已行销国内外百余年。涪陵区已培育出20余家榨菜重点龙头企业、197家榨菜股份合作社、1700余户半成品原料加工户和41家成品榨菜生产企业，拥有青菜头、全形榨菜、方便榨菜、出口榨菜四大系列100余个品种。①2022年，涪陵榨菜产业总产值达132.87亿元，出口远销50多个国家和地区，出口量、出口额连年保持全国第一。[2]

在涪陵榨菜产业的发展过程中，知识产权发挥了重要作用。例如，以申请涪陵榨菜证明商标、地理标志产品以及农产品地理标志为例，这些举措有力推动了涪陵榨菜产业蓬勃发展。在大力推进知识产权强国建设的今天，应

---

* 陈瑶、李沛莲、马善燕、徐京越、胡湉翊、陈彦盈，重庆理工大学重庆知识产权学院2022级本科生。

① 如无特殊说明，本调研所引用的法律法规、政策、数据均截至2023年10月。

继续充分发挥知识产权在涪陵榨菜产业中的引领作用。因此，对涪陵榨菜产业的知识产权开展实地调研，不仅能够了解其知识产权的现状，特别是其中存在的问题以及问题产生的原因，而且能够提出解决方案，从而对涪陵榨菜产业的蓬勃发展有所助益。

二、调研设计

（一）调研地选择

调研的地点位于重庆市涪陵区。涪陵区地处四川盆地东部的"盆东平行岭谷区"与"巫山大娄山中山区"的过渡地带，海拔为200~800米，常年平均气温18.1℃，年均降水量为1072毫米，土壤多为灰棕紫泥土和红棕紫泥土。"青菜头适宜在海拔高度160~800米、温暖潮湿的环境中种植，灰棕紫泥土和红棕紫泥土是菜头的主要种植区域。"[3] 本文所选择的调研对象均位于涪陵榨菜的产地——涪陵区。

（二）调研对象

1. 重庆市涪陵区榨菜产业发展中心

重庆市涪陵区榨菜产业发展中心成立于1998年，由榨菜管理办公室更名而成，是涪陵区农业农村委管理的正处级公益一类全额拨款事业单位，其不仅承担着榨菜产业管理相关事务性、技术性等具体工作，为现代农业园区提供服务，还承担着全区榨菜生产、加工、销售等行业管理服务相关工作以及"涪陵榨菜""涪陵青菜头"商标使用管理的具体事务性工作，并参与榨菜行业打假治劣行动。

2. 部分涪陵榨菜企业

重庆市涪陵区现有榨菜生产企业 36 家，如表 1 所示。

表 1　涪陵榨菜生产企业名单

序号	企业名称	成立时间	地址
1	重庆市涪陵榨菜集团股份有限公司	1988 年 4 月 30 日	重庆市涪陵区江北办事处二渡村一组 13、16 幢
2	重庆市涪陵区洪丽食品有限责任公司	1988 年 3 月 3 日	重庆市涪陵区南沱镇关东村七组
3	重庆市涪陵绿陵实业有限公司	1999 年 10 月 26 日	重庆市涪陵区清溪镇平原村五社
4	涪陵天然食品有限责任公司	1998 年 12 月 15 日	重庆市涪陵区南沱镇关东村三组
5	重庆市涪陵区紫竹食品有限公司	2005 年 1 月 27 日	重庆市涪陵区百胜镇紫竹三社
6	重庆市涪陵祥通食品有限责任公司	1996 年 11 月 12 日	重庆市涪陵区聚贤大道 26 号
7	重庆川马食品有限公司	2004 年 12 月 15 日	重庆市涪陵区马武镇民协村
8	重庆市涪陵区凤娃子食品有限公司	2003 年 3 月 13 日	重庆市涪陵区南沱镇睦和村六组
9	重庆市涪陵区志贤食品有限公司	2007 年 12 月 3 日	重庆市涪陵区南沱镇焦岩村三社
10	重庆华民乐食品有限公司	2007 年 6 月 5 日	重庆市涪陵区石沱镇酒井村六社
11	重庆市涪陵瑞星食品有限公司	1999 年 7 月 13 日	重庆市涪陵区百胜镇百胜居委一组
12	重庆市涪陵区桂怡食品有限公司	2005 年 6 月 13 日	重庆市涪陵区龙桥镇荣桂村二组
13	重庆市涪陵区裕益食品有限公司	2015 年 6 月 5 日	重庆市涪陵区百胜镇百福路 8 号
14	重庆市涪陵区浩阳食品有限公司	2005 年 6 月 7 日	重庆市涪陵区百胜镇紫竹村
15	重庆市涪陵区红日升榨菜食品有限公司	2005 年 2 月 24 日	重庆市涪陵区百胜镇紫竹八社

续表

序号	企业名称	成立时间	地址
16	重庆市涪陵区驰福食品有限公司	2013年1月18日	重庆市涪陵区百胜镇新河村
17	重庆市涪陵绿洲食品有限公司	1999年9月9日	重庆市涪陵区义和镇大峨村
18	重庆市涪陵区红景食品有限公司	2006年10月24日	重庆市涪陵区百胜镇广福村二社
19	重庆市涪陵辣妹子集团有限公司	1998年7月31日	重庆市涪陵区珍溪镇西桥大道9号
20	重庆八方客食品有限公司	2020年11月17日	重庆市涪陵区百胜镇紫竹村五组7号
21	重庆市涪陵区角八榨菜厂	2013年4月2日	重庆市涪陵区珍溪镇西桥村八组
22	重庆市崇银食品有限公司	2015年7月8日	重庆市涪陵区百胜镇中心村六组
23	重庆天烁食品厂	2013年11月26日	重庆市涪陵区百胜镇回龙村1组
24	重庆市涪陵区国色食品有限公司	2007年1月9日	重庆市涪陵区珍溪镇杉树湾村六社
25	重庆市涪陵区渝杨榨菜（集团）有限公司	2005年1月18日	重庆市涪陵区百胜镇八卦村六社
26	重庆市涪陵区香角食品厂	2007年1月22日	重庆市涪陵区江北办事处韩家村一社
27	重庆巴康食品有限公司	2018年10月29日	重庆市涪陵区罗云乡干龙坝村三组第1幢1层、2层
28	重庆三峡笋业有限责任公司	2014年7月11日	重庆市涪陵区南沱镇南沱村一组（铜子湾）
29	重庆市先艺农业有限公司	2010年9月23日	重庆市涪陵区南沱镇治坪村一社
30	重庆市福满池食品有限公司	2018年10月30日	重庆市涪陵区江北街道办事处松坪村五社
31	重庆市剑盛食品有限公司	2005年12月21日	重庆市涪陵区百胜镇八卦村五社
32	重庆市涪陵区倍儿下饭食品有限公司	2018年10月17日	重庆市涪陵区南沱镇连丰一组移民街（腰铺子）
33	重庆晋亿佳食品有限公司	2020年7月1日	重庆市涪陵区百胜镇紫竹村五组10号

续表

序号	企业名称	成立时间	地址
34	重庆市涪陵区八缸食品有限公司	2001年10月17日	重庆市涪陵区百胜镇街上
35	重庆惠有礼食品有限公司	2020年10月30日	重庆市涪陵区江北街道北山坪安置房798栋一楼及二楼
36	重庆市涪陵区咸亨食品有限公司	2005年2月4日	重庆市涪陵区江北办事处韩家村四社

3. 社会大众

我们利用问卷星向社会大众发放问卷，回收的问卷中18~28岁的人数占比为77%，重庆地区人数占比为96%（具体见图1、图2）。

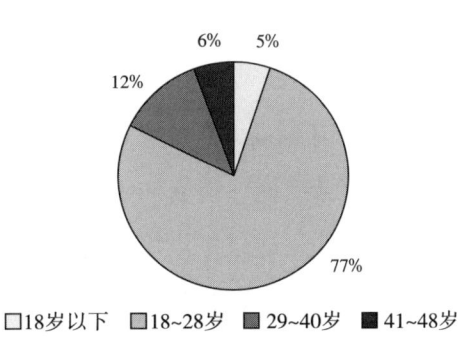

图1 问卷大众年龄主要分布情况

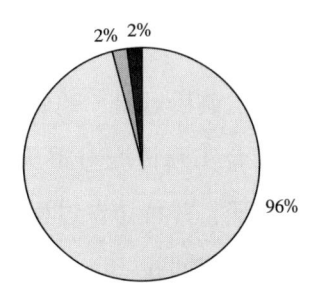

图2 问卷大众地区主要分布情况

（三）调研方法与步骤

1. 调研方法

问卷调查法：本次调研共制作了两份问卷。一份企业问卷委托重庆市涪陵区榨菜产业发展中心发放至各榨菜企业，共回收有效问卷 23 份；另一份大众问卷通过问卷星向社会公众发放，共回收有效问卷 320 份。

访谈法：本次调研共对重庆市涪陵区榨菜产业发展中心，以及重庆市涪陵榨菜集团股份有限公司、重庆市涪陵区洪丽食品有限责任公司两家企业进行了实地走访，了解了榨菜产业关于商标、专利、地理标志等相关知识产权方面的现状，并且在重庆市涪陵榨菜集团股份有限公司内参观了涪陵榨菜新技术生产厂间、涪陵榨菜文化展馆。

文献调查法：本次调研使用 incopat、国家知识产权局等网站，对涪陵榨菜企业的专利进行检索；通过标库网、国家知识产权局商标局网站检索涪陵榨菜企业的商标情况；除此之外还通过中国版权登记查询服务平台，了解了涪陵榨菜企业的版权登记情况，并对企业的著作权等问题进行了分析。

2. 调研步骤

实地走访、问卷调查的步骤为：

第一阶段，收集资料，确定调研对象、调研大纲。

第二阶段，实地走访，结合实际情况对重庆市涪陵区榨菜产业发展中心和涪陵榨菜企业进行提问式访谈，并将访谈过程进行全程录音。

第三阶段，依据访谈内容制作问卷。

第四阶段，数据整理与挖掘。调研组确定数据信息节点，将问卷数据转化为调研数据。

三、重庆涪陵榨菜产业知识产权现状调研分析

（一）重庆涪陵榨菜产业专利现状分析

当今，在竞争激烈的商业环境中，企业专利申请被认为是增强企业竞争力和创新能力的重要手段。下文将先分析涪陵区榨菜企业的专利申请情况，再以重庆市涪陵榨菜集团股份有限公司和重庆市涪陵辣妹子集团有限公司为例分析企业专利申请、授权和有效的情况。

1. 重庆涪陵榨菜产业专利申请概况

企业专利申请数量是衡量企业创新活动水平的重要指标之一。我们检索了36家关于涪陵榨菜的相关企业的专利，其中有21家企业申请了专利，15家企业的专利数量为零。根据本次调研收集的所有样本企业2010—2023年专利申请总数量的统计情况（见图3）可以看出，2014年专利申请数量是最多的，2014—2023年，专利申请数量呈波动变化趋势。而2021—2023年，专利申请数量逐年降低。

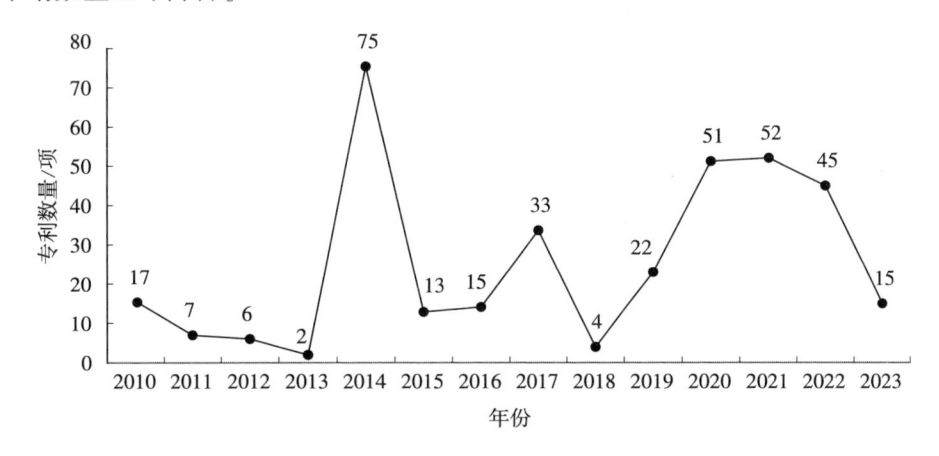

图3 2010—2023年36家榨菜企业专利申请数量统计

2010—2023年，所有样本企业的发明、实用新型以及外观设计的数量变化见图4，可以看出，2021—2023年，实用新型以及发明专利的申请数量都在下降。其中，发明专利整体数量不高，2015年以后基本处于较低且平稳的状态。

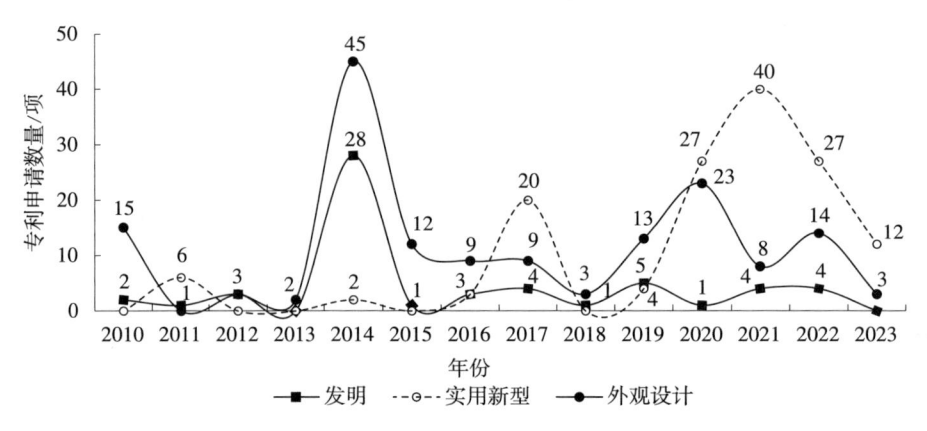

图4　发明、实用新型、外观设计的数量变化

2010—2023年，发明、实用新型、外观设计的数量统计见图5，可以看出，发明专利的数量占比仅为16%，而外观设计专利的数量占比最大。

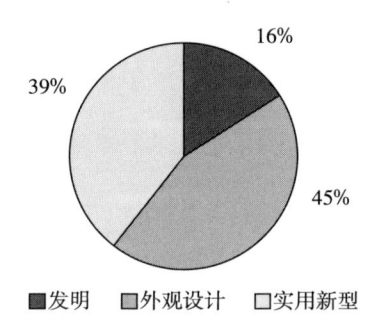

图5　2010—2023年发明、实用新型、外观设计的数量统计

其次，选择其中最具代表性的重庆市涪陵榨菜集团股份有限公司来进行分析。截至2023年，该公司拥有的专利总数量为150件，其中发明专利29件，实用新型专利11件，外观设计专利110件。从图6中的数据可以看出，2004—2023年，整个公司的专利申请数量呈波动变化趋势。这一变化趋势与整个重庆涪陵榨菜产业专利申请数量的变化趋势相似。

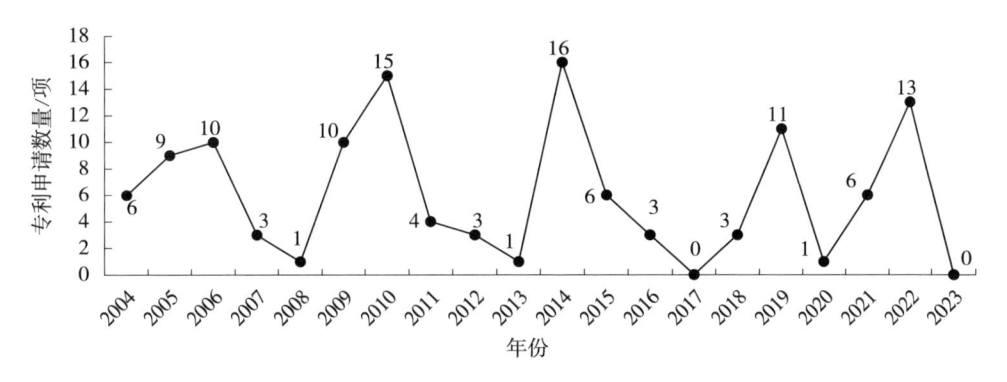

图6 重庆市涪陵榨菜集团股份有限公司2004—2023年专利申请数量

最后，分析它的三种专利类型在全区的占比情况（见图7）。由图7可以看出，在发明专利上，光重庆市涪陵榨菜集团股份有限公司就占了全区的36%，可见其他企业的发明专利数量较少。除此之外，我们还分析了该公司专利的IPC分类，主要专利分为A、B、H三部分，技术领域主要集中在人类生活必需A类上（见图8）。其中，H类仅有2%，B类占比为20%。通过以上分析，可以得出该公司虽为涪陵榨菜的龙头企业，但是其专利申请数量依然和其他行业领先企业存在较大差距，从而间接反映出其他小公司专利申请情况更不乐观。由此可见，虽然国家政府重视知识产权保护，但是部分公司依旧存在从未申请专利或仅申请了少量专利的现象，并且存在专利质量低下、实施转化率低等问题。

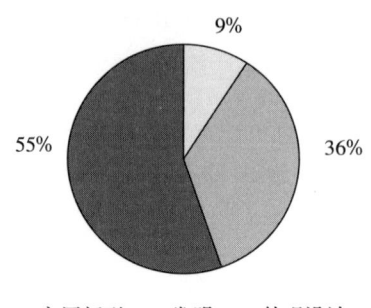

图 7　重庆市涪陵榨菜集团股份有限公司三种专利全区占比情况

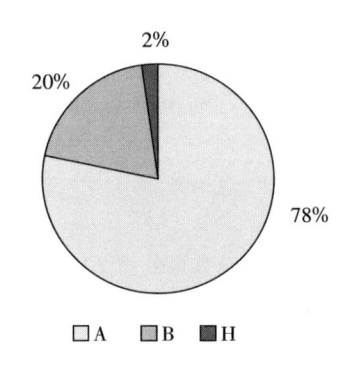

图 8　重庆市涪陵榨菜集团有限公司 IPC 分类占比

2. 重庆涪陵榨菜产业专利有效性分析

在我们检索的 36 家企业中，失效的专利数量占专利总数量的比例较高。以重庆市涪陵榨菜集团股份有限公司（见图 9）和重庆市涪陵辣妹子集团有限公司（见图 10）为例，前者失效专利数量占专利总数量的 74%，后者则高达 94%。根据《中华人民共和国专利法》第 44 条的规定："有下列情形之一的，专利权在期限届满前终止：（一）没有按照规定缴纳年费的；（二）专利权人以书面声明放弃其专利权的。专利权在期限届满前终止的，由国务院专利行政部门登记和公告。"根据数据分析可得，专利失效的原因基本上是未缴纳年费。

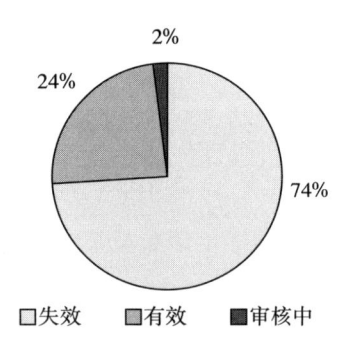

图 9　重庆市涪陵榨菜集团股份有限公司专利有效性情况

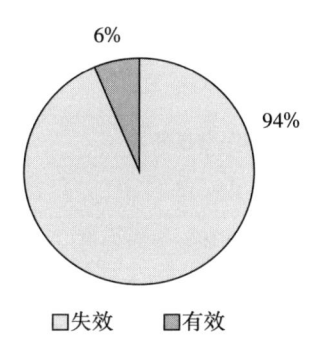

图 10　重庆市涪陵辣妹子集团有限公司专利有效性情况

（二）重庆涪陵榨菜产业商标现状分析

商标是企业的重要资产之一，通过分析商标可以帮助企业保护自身的知识产权，确定是否存在侵权行为，并采取相应的法律措施来维护企业的权益，既可以了解市场上其他竞争对手的商标情况，又可以帮助企业进行品牌定位和传播，以评估品牌形象的一致性、识别度和吸引力，从而更好地塑造和传达企业的品牌价值和理念，还可以揭示消费者对商标的认知、喜好情况，帮助企业更好地了解目标市场和消费者需求，进而优化产品设计和营销策略。下面就重庆市涪陵榨菜企业的商标情况进行分析。

1. 重庆涪陵榨菜商标申请概况

36家榨菜企业商标申请概况见表2。除重庆八方客食品有限公司外，其余35家企业都申请了商标，共有21家企业的商标申请数量少于10个；重庆市涪陵榨菜集团股份有限公司商标申请数量最多，达到214个。

表2 涪陵榨菜企业商标申请概况

序号	企业名称	商标数量（个）
1	重庆市涪陵榨菜集团股份有限公司	214
2	重庆市涪陵辣妹子集团有限公司	42
3	重庆市涪陵区洪丽食品有限责任公司	28
4	重庆市涪陵区国色食品有限公司	45
5	重庆市涪陵区渝杨榨菜（集团）有限公司	12
6	重庆市涪陵区紫竹食品有限公司	15
7	涪陵天然食品有限责任公司	20
8	重庆市涪陵区红日升榨菜食品有限公司	15
9	重庆巴康食品有限公司	23
10	重庆市涪陵绿陵实业有限公司	16
11	重庆川马食品有限公司	8
12	重庆市涪陵区凤娃子食品有限公司	11
13	重庆市涪陵绿洲食品有限公司	8
14	重庆市涪陵区八缸食品有限公司	22
15	重庆三峡笋业有限责任公司	6
16	重庆市涪陵区红景食品有限公司	8
17	重庆市涪陵瑞星食品有限公司	11
18	重庆市涪陵区浩阳食品有限公司	11

续表

序号	企业名称	商标数量（个）
19	重庆市涪陵区倍儿下饭食品有限公司	13
20	重庆市涪陵区桂怡食品有限公司	6
21	重庆市涪陵区驰福食品有限公司	8
22	重庆市先艺农业有限公司	9
23	重庆华民乐食品有限公司	6
24	重庆市涪陵区咸亨食品有限公司	5
25	重庆市涪陵祥通食品有限责任公司	4
26	重庆市涪陵区志贤食品有限公司	4
27	重庆天烁食品厂	3
28	重庆市剑盛食品有限公司	3
29	重庆市涪陵区裕益食品有限公司	2
30	重庆市涪陵区角八榨菜厂	2
31	重庆市崇银食品有限公司	2
32	重庆惠有礼食品有限公司	2
33	重庆市涪陵区香角食品厂	1
34	重庆市福满池食品有限公司	1
35	重庆晋亿佳食品有限公司	1
36	重庆八方客食品有限公司	0

　　商标承载着企业的商誉，起着辨识企业产品或服务来源的重要作用。驰名商标更是代表了商品或服务的优良品质和企业的正向声誉，凝聚着普通商标难以比肩的商业价值。企业在长期的市场经营中通过付出经营成本获得较高的顾客满意度和忠诚度，消费者普遍对其产品或服务产生信赖和好感，拥有一定影响力的商标的企业就具有了品牌的竞争优势，其品牌产品或服务又可以为企业带来稳定而可观的市场效益。因此，有一定影响力的商标特别是

驰名商标是品牌经济下企业无形资产的重要形式,企业价值在驰名商标的合理利用中得以充分体现和提高。[4]

在企业调查问卷中,65%的榨菜企业表示获得过重庆市著名商标,其中三个企业获得了驰名商标。重庆涪陵榨菜企业现有"涪陵榨菜""乌江""餐餐想""辣妹子"4件中国驰名商标(见图11)。

驰名商标名称	获得时间	商标图片
涪陵榨菜	2010年	
乌江	2004年	
辣妹子	2012年	
餐餐想	2009年	

图11 重庆涪陵榨菜企业旗下驰名商标信息

2. 重庆涪陵榨菜商标申请类别

榨菜企业通常会选择在以下类别中进行商标申请:第29类——蔬菜制品:该类别适用于榨菜等蔬菜制品,主要包括罐装、瓶装或其他方式包装的腌制蔬菜、榨菜、泡菜等产品;第30类——酱料调味品:该类别适用于榨菜所使用的调味品、调料等产品,主要包括酱油、食醋、辣椒酱、花椒油等;

第32类——啤酒及饮料，虽然榨菜本身不属于啤酒和饮料类，但有些企业可能也会在该类别中申请商标，以保护其相关饮品产品。

本次在36个榨菜企业中选择了商标申请总数最多的重庆市涪陵榨菜集团股份有限公司进行分析。由图12可以看出，该公司在申请商标时，大部分申请的是食品（第29类）、方便食品（第30类）。这是因为涪陵榨菜的目标客户主要为家庭用户、餐饮行业、食品加工业、礼品市场、海外市场。我们都知道，榨菜过去是方便食品，与人口流动数量呈较强的相关性。但随着产品消费场景的拓展，榨菜的受众不再只是流动人口，其消费场景扩展到了家庭日常消费中，这让榨菜销量得到了提升。随着国民经济的发展和居民消费水平的提高，人们的消费需求、消费场景日益多元化，榨菜也从之前主要用于开胃下饭，延伸到煲汤、炒菜等，后来又根据消费者需求拓展出多种新的食用功能。

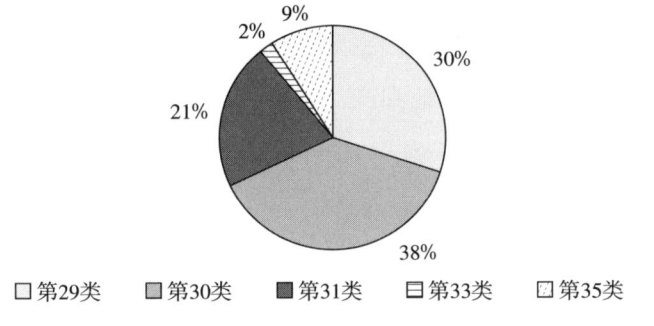

图12 重庆市涪陵榨菜集团股份有限公司商标申请类别（排名前五）

广告销售（第35类）申请占比为9%。随着食品行业的竞争日益激烈，涪陵榨菜也面临着来自其他品牌和产品的竞争压力。加大广告宣传力度可以增强涪陵榨菜的品牌知名度、提升其竞争力，吸引更多消费者选择其产品，这不仅是企业扩大市场份额、推广品牌的重要手段之一，而且可以将产品信息传达给更广泛的受众群体，从而开拓新的市场，并建立品牌形象与认知。如果涪陵榨菜推出了新产品或进行了创新改进，加大广告宣传力度就可以帮助其引起消费者的注意和兴趣，促使他们尝试新产品或重新认识涪陵榨菜品牌。广告宣传还可以向消费者传达涪陵榨菜的特点、制作工艺、营养价值等信息，帮助消费者了解产品的优势和与其他竞争对手的差异，从而增加购买动机。通过持续的广告宣传，涪陵榨菜强化了品牌的影响力和信任度，建立起消费者对产品的忠诚度。上述均有助于提高回头客率、促进口碑传播和品牌口碑的形成。

（三）重庆涪陵榨菜产业地理标志现状分析

1. 重庆涪陵榨菜地理标志申请情况

世界贸易组织《与贸易有关的知识产权协议》第22条第1款规定，地理标志是将生产的产品与产品产地的地理环境或人文环境结合后形成的，是鉴别原产于一成员国领土或该领土的一个地区或一地方的产品的标志，标志产品的质量、声誉或其他确定的特性主要取决于其原产地。常见的地理标志主要有两种表现形式，一种由产地和产品名称组合而成，另一种是直接将产地名作为该产品的标志。"涪陵榨菜"这一地理标志便是由产地涪陵和产品名榨菜组合而成。

地理标志在我国被分为证明商标或集体商标、地理标志产品及农产品地理标志三类。

证明商标或集体商标，具有明确的地域范围，以及特定质量、信誉或者其他特征，并且特定质量、信誉或者其他特征与当地的自然因素如光照、温度、土壤、水质，或者人文因素如特殊技艺、加工工艺，相互关联。仅由单一的自然因素或者人文因素决定特定品质的如与产地自然因素没有关联的手工艺品，以及与产地人文因素没有关联的纯工业产品等都不能以地理标志作为集体商标或证明商标注册。重庆市涪陵区榨菜管理办公室将涪陵榨菜及其拼音 FULING ZHACAI、涪陵青菜头先后注册了地理标志证明商标（见表3）。

表3 涪陵榨菜相关地理标志商标情况

地理标志（商标）	申请人名称	申请时间	申请/注册号
涪陵榨菜	重庆市涪陵区榨菜管理办公室	1997年1月28日	1389000
FULING ZHACAI	重庆市涪陵区榨菜管理办公室	2003年7月7日	3620284
涪陵青菜头	重庆市涪陵区榨菜管理办公室	2009年9月27日	7728025

农产品地理标志是标示农产品来源于特定地域，其产品品质和相关特征主要取决于自然生态环境和历史人文因素，并以地域名称冠名的特有农产品标志。此处所称的农产品是指来源于农业的初级产品，即从农业活动中获得的植物、动物、微生物及其产品。涪陵区与涪陵榨菜有关的地理标志有2个：涪陵青菜头和涪陵榨菜，其申请时间比证明商标稍晚一些（见表4）。

表4 涪陵榨菜相关农产品地理标志情况

地理标志农产品	申请人名称	申请时间	产品编号
涪陵青菜头	重庆市涪陵区榨菜管理办公室	2020年	AGI03014
涪陵榨菜	重庆市涪陵区榨菜管理办公室	2020年	AGI03244

2. 重庆涪陵榨菜地理标志使用情况

我们通过发放问卷调查了23家企业申请使用"涪陵榨菜"证明商标的情况。该数据显示，有91%的企业同时申请使用"涪陵榨菜"证明商标（见图13），同时申请与使用的企业大都认为"涪陵榨菜"证明商标可以体现其产品质量且具有增加产品销量的作用（见图14）。但也有少数企业申请了"涪陵榨菜"证明商标，不过后期没有使用，主要原因是无法突出其自有品牌。

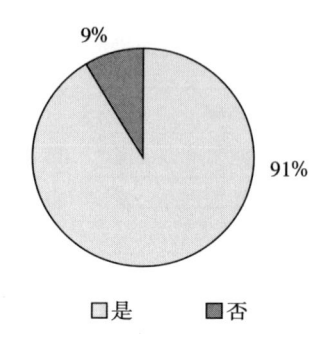

图13 是否同时申请使用"涪陵榨菜"证明商标

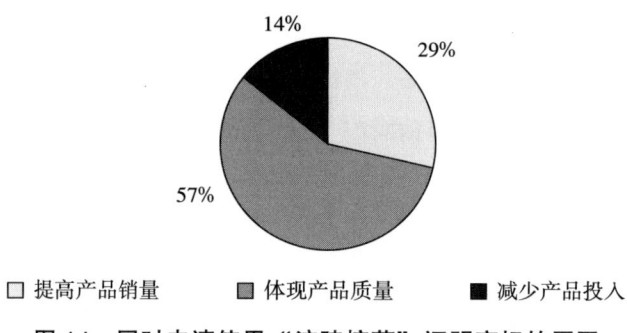

图14 同时申请使用"涪陵榨菜"证明商标的原因

(四) 重庆涪陵榨菜产业著作权现状分析

通过中国版权登记查询服务平台进行查询,笔者发现36家企业中有7家企业进行了著作权登记,但登记数量均小于10,且榨菜企业著作权作品登记类型均为美术(见表5)。

表5 企业著作权登记情况

序号	企业名称	著作权登记数量	登记类型
1	重庆市涪陵榨菜集团股份有限公司	4	美术
2	重庆市涪陵区洪丽食品有限责任公司	2	美术

续表

序号	企业名称	著作权登记数量	登记类型
3	重庆市涪陵区紫竹食品有限公司	1	美术
4	涪陵天然食品有限责任公司	2	美术
5	重庆市涪陵绿陵实业有限公司	1	美术
6	重庆市涪陵区凤娃子食品有限公司	4	美术
7	重庆市涪陵区八缸食品有限公司	5	美术

以重庆市涪陵榨菜集团股份有限公司为例，其申请的4个著作权登记作品分别为乌江及帆船作品、乌江书法作品、财神脸谱剪纸（见图15）、新一代健康食品的两种包装袋也都是美术作品。

图15 著作权登记作品：财神脸谱剪纸

四、重庆涪陵榨菜产业知识产权工作存在的问题及其原因

(一) 知识产权创造能力不足

1. 专利申请数量不足

如前所述，涪陵榨菜企业拥有的专利较少，在被调查的 36 家企业中，有 15 家企业没有申请专利。即使是专利数量最多的重庆市涪陵榨菜集团股份有限公司，其发明专利项数也仅为 14 件。在某一行业中，拥有更多的专利可以提升企业竞争力；较少的专利可能会使企业在市场竞争中处于劣势，因为竞争对手可能拥有更多的技术创新和知识产权。

2. 专利质量不高

整体来说，发明专利较少，且多为外观设计与实用新型，由图 16 可知，发明专利仅占了 16%，而外观设计专利的占比接近一半。除此之外，如前所述，专利失效的比例也较大，根据数据分析可知，专利失效的原因基本上是未缴纳年费。这或许是因为企业认为专利质量不高，因而不需要继续缴费维持。

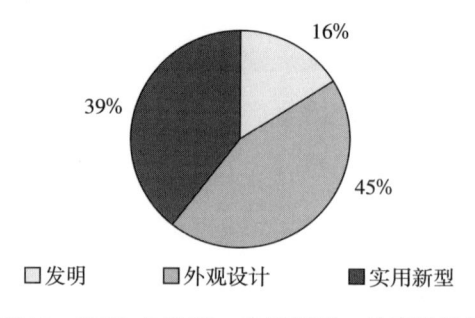

图 16 2010—2023 年发明、实用新型、外观设计数量统计

3. 著作权登记不足

我们所调研的样本企业的著作权登记意识不强。有74%的企业没有进行著作权的登记（见图17），而知识产权纠纷大多发生在著作权领域（见图18），样本企业对产品著作权应用能力的不足可能带来法律保护薄弱、经济损失、竞争力减弱和商誉受损等负面影响和挑战。著作权登记是确立著作权人权益的重要手段，而著作权登记不足会削弱企业在法律保护方面的能力。如果企业的相关知识产权涉及著作权未经登记，当出现侵权行为时，就难以有效维护企业的权益，也无法受到法律保护。同时如果企业一旦遭遇侵权，其可能无法追究侵权者的责任或索取合理的赔偿，从而造成潜在的经济损失。此外，著作权在市场竞争中起着重要的作用，主要体现为企业的创新能力和品牌形象。若企业对于著作权保护不够重视，则可能导致其他企业抄袭或侵权，从而削弱公司的独特性和竞争力，甚至对企业形象和声誉造成负面影响；如果企业未能妥善保护自己的著作权，就可能引起消费者、投资者和合作伙伴的质疑，从而损害企业的商誉。即使企业拥有创新的产品或技术，但是缺乏对著作权的重视和管理及商业运作能力和市场推广策略，也很难将知识产权转化为商业利益。

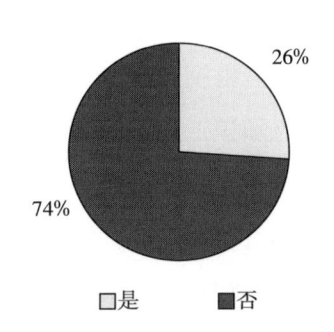

图17 调研企业的著作权登记情况

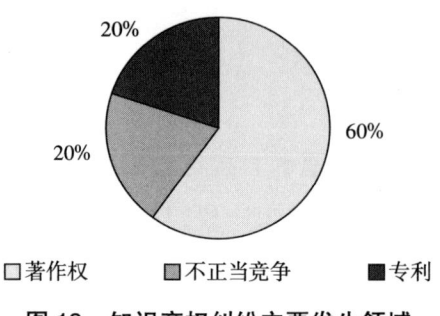

图 18　知识产权纠纷主要发生领域

根据调研资料分析，可知大多数榨菜企业没有就涪陵榨菜进行著作权登记，大概有以下三个原因。首先是企业可能没有意识到涪陵榨菜可以作为受著作权保护的创作作品，它们可能更关注产品的生产、销售和品牌推广等方面，对知识产权保护的重要性和程序不够了解；其次是著作权登记流程复杂，需要进行一系列的程序和文件准备，包括填写申请表、提交创作作品样本等，这个过程对企业来说可能比较烦琐和复杂，它们可能缺乏足够的资源和专业知识来完成这些工作；最后是很多企业没有被侵权的意识，在没有出现著作权侵权纠纷的情况下，企业可能认为自己的知识产权没有受到威胁，没有意识到主动进行著作权登记的必要性。

（二）知识产权管理能力不足

企业知识产权管理是指规范企业知识产权工作，充分发挥知识产权制度在企业发展中的重要作用。但根据目前所获得的样本企业资料可知，大部分榨菜企业对于涪陵榨菜的知识产权管理体系在机构设置、人员安排等方面存在不足。

在机构设置与人员安排方面，大部分榨菜企业没有设置专门的机构或采用其他方式来代替进行知识产权管理。根据调查资料可知，大部分榨菜企业使用外部律师或法律顾问协助来代替专门的知识产权管理机构，还有一部分榨菜企业因为工作不饱和以及不需要而未设立专门的知识产权管理机构（见

图19）。由此可见，这些榨菜企业都尚未形成专门化管理的思路。

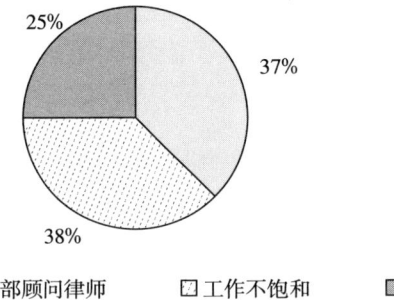

图19　涪陵榨菜企业知识产权专业管理人员缺失的原因

- 有法律顾问协助/外部顾问律师：37%
- 工作不饱和：38%
- 不需要：25%

调研资料显示，重庆涪陵榨菜企业知识产权管理机构的人员配置也严重不足（见图20）。当下，部分榨菜企业的知识产权管理人才缺乏，导致企业知识产权的利用及保护存在无人负责的情况，以及企业知识产权管理的效果不够理想。这不仅影响了企业创新能力的提升，也限制了企业运用知识产权来促进榨菜行业的发展。

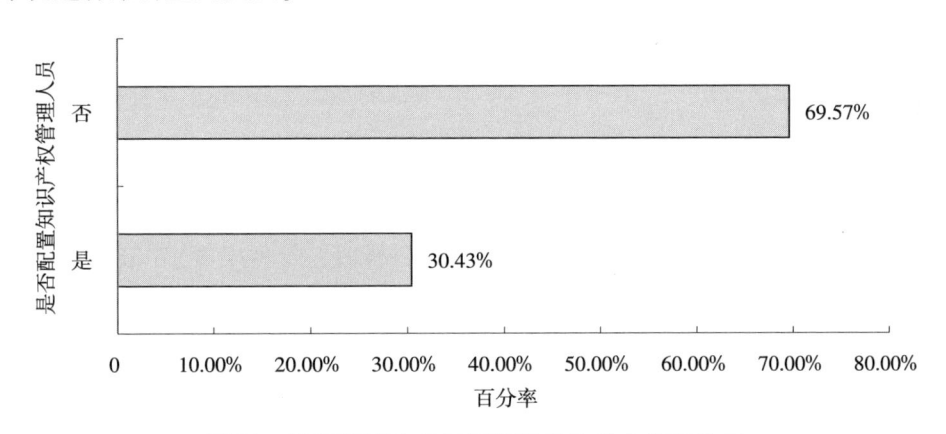

图20　涪陵榨菜企业知识产权岗位设立情况分析

是否配置知识产权管理人员：
- 否：69.57%
- 是：30.43%

（三）知识产权运营能力不足

根据前文对涪陵榨菜的知识产权保护现状的分析可知，大部分企业都申请了相关专利与商标，但由于企业自身不善于知识产权运营，如知识产权申请、知识产权转化、知识产权维权等，因而限制了知识产权价值的发挥。企业知识产权运营能力不足可能会给企业的发展带来一系列的风险和挑战。许多企业在申请注册商标后，将商标闲置，而没有通过许可、转让等方式将资源进行流转，有的企业甚至只申请而不使用商标，导致商标被撤销；在专利方面，不能够让专利持续有效，导致创新成果流失，竞争对手利用企业的知识产权取得竞争优势；等等。这些都是知识产权运营能力不足的表现。

企业知识产权运营的目标是最大化地保护、管理和运用知识产权，为企业创新和经营活动提供支持，从而促进企业的持续发展和增强竞争优势。通过有效的知识产权运营，企业可以保护自身的创新成果、品牌价值和商业利益，建立良好的知识产权形象，并在市场竞争中获得更大的发展空间和商业机会。因此，企业应当重视提升自身的知识产权运营能力，对其加强保护和管理，有效利用知识产权推动企业的创新发展。

（四）知识产权保护水平不足

1. 知识产权保护意识较为薄弱

在对重庆涪陵榨菜产业著作权现状进行分析时，笔者发现36家企业中仅有7家企业进行了著作权登记，且登记数量均小于10件。同时根据企业问卷调查中的23份有效问卷反馈的信息可知，企业遭遇知识产权纠纷的领域有60%为著作权领域，也就是说，填写问卷的企业中有14家遭遇过著作权纠纷。由此可以看出，涪陵榨菜企业存在应进行著作权的保护却未实施保护，以及未很好地尊重他人知识产权的问题，进而可以知道涪陵榨菜企业知识产权保护意识薄弱。而导致这些问题的原因可能有两点：首先，在传统的观念里，知识产权保护并不被普遍重视，很多人对此缺乏正确的认识。政府在推广涪陵榨菜知识产权保护方面的投入和宣传可能没有得到足够的重视。其次，市场环境复杂。在复杂的市场环境下，知识产权保护面临的挑战更加严峻，如假冒伪劣商品泛滥、维权渠道不畅、打假成本高昂等问题，都会影响知识产权的保护；又如，大部分企业在面对一些外观方面的侵权行为如字体、图案的一些细微不同时，基本不予理会，因为这种"打擦边球"的行为很普遍，很多企业不想浪费时间和精力去解决这种问题。

2. 维权保护不足

根据调研时的问卷资料分析可知，在知识产权保护过程中遇到困难时，涪陵榨菜企业认为纠纷解决周期长、申请程序复杂、很难发现侵权人、缺乏专业律师等为主要问题（见图21）。而这些问题基本上都是维权保护不足导致的，由此可知涪陵榨菜企业存在维权保护能力不足的问题。而导致维权效果不佳的原因又有以下两个方面：首先是缺乏专业维权团队，企业问卷调查中的23份有效问卷反馈显示，仅有30.43%的企业设立了知识产权岗位，而其余企业没有设立的原因是大部分企业觉得工作不饱和、有外部律师和已有法律顾问协助，没有必要单独增设知识产权岗位。可见，大部分涪陵榨菜企业是缺乏专业的维权团队的。其次是维权成本高昂，侵权案件通常需要花费大量的时间、精力和金钱，因此大部分涪陵榨菜企业在面对知识产权纠纷时都是采用诉讼和协商的方式解决（见图22）。而采用诉讼方式维权可能需要投入大量的人力、物力和财力，维权过程可能复杂艰难。而涪陵榨菜企业大部分都是小型企业，因而在经济能力有限的情况下，维权成本过高可能会阻碍其维权的进行。

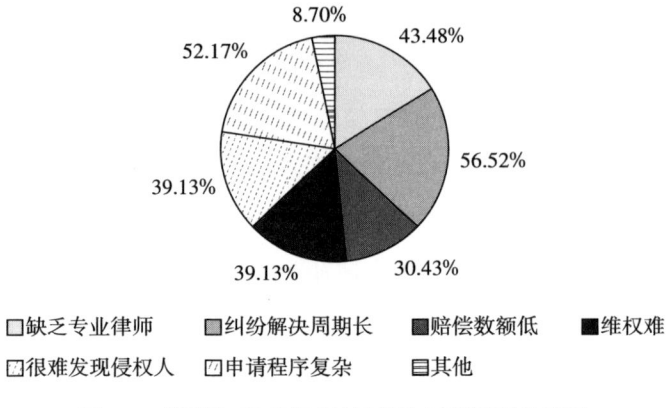

图 21　榨菜知识产权保护过程中所遇到的困难

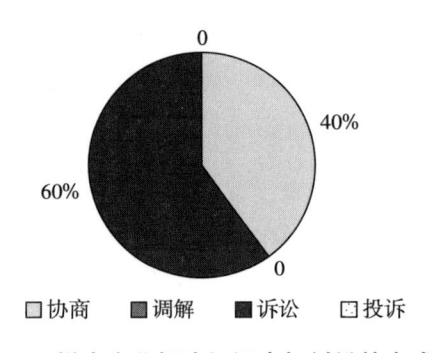

图 22　样本企业解决知识产权纠纷的方式

五、加强重庆涪陵榨菜产业知识产权工作的建议

（一）进一步提升知识产权意识

1. 企业方面

知识产权，是"基于创造成果和工商标记依法产生的权利的统称"。最主要的三种知识产权是专利权、商标权和著作权。作为法律、知识和经济相结

合的产物，知识产权保护通过赋予创新者一定期限的垄断权提升技术专有性及收益预期，对创新产生激励等正效应，从而成为优化知识资源配置、促进技术进步的重要保障。提升企业知识产权意识对企业发展至关重要，其不仅能保护企业的创新成果和核心竞争力，还能创造商业价值，建立良好的企业声誉和品牌形象，促进技术创新和发展，维护市场秩序，保证公平竞争。因此，企业应加强对知识产权的认识和重视，并采取相应的措施和策略进行保护和管理。

首先，企业领导层应当加强知识产权意识的培养，身体力行，明确如何做到知识产权创造、运用、保护和管理，高度重视知识产权同企业的协同发展。其次，企业员工应当定期接受知识产权培训，特别是专利研发人员和知识产权岗位相关人员应当进行专利法及相关法律知识的进一步培训，充分理解知识产权保护的重要意义，强化企业内部保密意识，对于侵权、泄密、专利申请因缺乏新颖性而失效等情况防微杜渐[5]。企业还应加强合同管理，在与供应商、合作伙伴和员工等签订合同时，明确双方对知识产权的权益保护、保密义务和技术转让等事项，确保企业的知识产权得到妥善保护。最后，企业内部可以通过多种形式的知识产权宣传和培训营造良好的企业文化，向员工普及知识产权的概念、重要性和保护方法，激励企业成员积极参与企业知识产权制度的完善。

2. 公众方面

通过"涪陵榨菜"知识产权认知调查问卷回收情况可以发现，85.67%的人曾经购买过涪陵榨菜，而购买榨菜的人有接近70%选择了包装上带有专有商标或涪陵榨菜证明商标的产品。另外，大众了解到涪陵榨菜的途径也有很多种，包括电视广告、朋友推荐、网络搜索、产品上的包装等。其中，通过产品包装了解的方式占50%，可见商标对产品销售的重要作用。乌江榨菜可以说是大众最熟悉的品牌，其在榨菜产业市场中占据着半壁江山。但是，在界定某产品是否受知识产权保护的问题中，仍旧有许多人不甚了解。因此，可以通过媒体、教育机构、专业组织等渠道，引导公众正确理解知识产权的概念和价值，以及知识产权保护的重要性，进而引导其积极参与知识产权保护工作，及时向相关部门举报侵犯知识产权的行为。这既有助于加大对侵权行为的打击和维权力度，又能够为企业提供更有力的保护。

（二）进一步提升知识产权创造能力

1. 加强企业人才培养

创新是引领发展的第一动力，培养和营造企业知识产权意识的最终目的是提升企业自主创新能力，不断促进企业的技术创新、产品创新和市场开拓，而这需要企业建立强有力的创新团队。首先，企业应制定明确的创新目标，例如开发新产品、开展研究项目、提高生产效率等。企业可以创建支持、培训和沟通机制，帮助团队成员更好地协作，从而实现项目目标。其次，企业应当招募优秀人才，并提供发展机会和福利，使成员充分发挥自己的才能，同时企业内部还要形成创新文化，鼓励团队成员培养开放思维，大胆尝试，勇于创新。

2. 创新激励体制建设

地方政府和企业可以分别建立创新激励机制，例如科研奖金发放、研发人员股权激励等，以调动企业研发人员的积极性。企业也可与高校联合创新，在政府的支持和引导下，根据本地发展战略，围绕域内产业发展高地选择高校和科研单位相关专业，并与市内相关企业组建创新协作中心。

（三）进一步加强企业知识产权管理

1. 设立知识产权管理机构

在当今新的国际与国内发展形势的背景之下，企业需要针对其自身特征以及行业的特点，对企业知识产权进行系统化、体系化的管理，这就要求企业设立专门的知识产权管理机构并将其划分至相关部门[6]。部门内部可以就知识产权申请注册、运营、管理和保护设立专门的岗位，以提升管理水平。根据知识产权的重要性和影响程度，应实施分步管理；具体而言，对专利和技术秘密进行分段管理，并根据其对重大业务影响的程度进行动态调整，应确保专利得到及时编纂与整理，并适时将低价值的专利和未使用的商标以符合规定的方式处理掉。搭建信息化管理平台，建立专业化数据库，加大信息集成力度，以支撑经营决策、技术研发和市场开拓[7]。对于涪陵榨菜生产企业，现阶段可以先完善法务团体的建设，尽可能设置更多的知识产权岗位，引进相关复合型人才，从而初步提升企业知识产权管理水平。

2. 促进知识产权管理人员配置优化

知识产权管理人员应当在法律、技术、管理等多个方面都具备较高的水平，以及沟通协调和创新思维能力，才能有效地保护和管理企业的知识产权，为企业创造更大的价值和回报。企业应当重视对知识产权管理人员的培养，避免专业人员缺乏专业能力。同时，既可以通过建立对知识产权管理人员的考核制度，定期进行相关人员的培训和考核，也可通过绩效等级评定，提高其在知识产权工作方面的积极性。另外，企业应当有重点和有目的地发展知识产权，提高对相关知识产权挖掘的深度和精度，也减少企业资金的浪费。

3. 完善企业知识产权保护策略

提升知识产权管理水平，需要企业设立专门的知识产权机构，完善人员结构并制定适合企业发展水平的机制。根据企业的实际情况和发展需求，制定相应的知识产权战略，明确目标和任务，从而确保知识产权工作的有效开展。首先要确定目标，企业需要明确其知识产权战略的目标，例如保护创新成果、提高市场竞争力、增加收入等。其次要评估现状，企业需要对其现有的知识产权资产进行评估，以了解其优势和劣势。再次要制定战略，在明确目标和评估现状的基础上，企业需要制定具体的知识产权战略，战略性地将知识产权开发、知识产权文献检索、知识产权申请、知识产权实施等整合成一个有机的整体并设立相关的部门来提供有效的组织保障。从次就是实施计划，企业需要制订具体的实施计划，包括时间表、预算、责任人等，以确保知识产权战略的顺利实施。最后监控和调整也是需要重视的，企业应密切关注相关行业的知识产权动态，及时调整和更新知识产权保护策略，以应对新的挑战和风险。

（四）进一步提升知识产权运营和保护能力

1. 维权策略的建设

企业在遭遇知识产权侵权时，往往会面临维权周期长，难以及时进行维权的问题。企业可提前就可能发生在知识产权领域的侵权问题进行归纳总结，形成适合自身的维权策略。一方面，加强市场监管与检测，充分发挥公众的优势，以物质报酬换取公众对侵权行为的揭露；另一方面，完善维权团队的建设，逐步形成知识产权侵权防范制度。

2. 企业专利运营和保护

加强企业员工,特别是领导层人员对于知识产权与专利技术的保护意识。企业方面,可以邀请高校或社会知识产权领域的专家对企业成员进行知识产权讲座,以提升企业的知识产权保护意识;对于专利研发人员和知识产权岗位相关人员,可进行专利法及相关法律知识的进一步培训,使其充分理解专利技术保护的重要意义;企业还可通过与核心技术人员签署保密协议、竞业限制协议等,以防止核心技术人员跳槽造成企业核心技术机密流失,而给企业造成不必要的损失;企业申请专利也应当注重对专利价值的挖掘,促进专利技术转化率的提升,从而提高专利对于企业发展的价值;企业领导层更应该主动学习知识产权相关法律意识,以引领企业发展方向并制定相应的策略和目标。

3. 企业商标运营和保护

商标是一种无形资产,根据我国商标法的规定,商标注册以申请在先为原则,即谁先提出申请,谁便取得商标注册。好的企业不仅需要好的产品和服务,也需要好的商标。无论是美国的可口可乐,还是中国的海尔,都是因为注册了商标,才能受到法律保护。如果未注册商标就会始终处于一种无权利保障状态,随时可能因他人相同或近似商标的核准注册而被禁止使用;如若因为企业法律意识淡薄,对商标法的相关法律规定不能充分了解和掌握,不能及时将企业产品商标注册,就会导致即便使用在先,也可能被别人抢先注册,而造成损失[8]。特别是可能迅速走红,容易遭遇维权问题的"网红"品牌,一定要在第一时间申请注册商标。

企业申请商标后应当合理运用,《中华人民共和国商标法》(简称《商标法》)第49条规定,注册商标成为其核定使用的商品的通用名称或者没有正当理由连续三年不使用的,任何单位或个人可以向商标局申请撤销该注册商标。对于企业的核心商标，商标权利人一般不会将其闲置。但是，对于一些在企业发展中作用较小或不适用的非核心商标，则可能会被闲置。商标权利人应当通过转让、许可、质押等方式来盘活闲置的商标资产，避免"撤三"之诉丧失商标权而造成损失。

企业在日常经营管理过程中，会面临自身商标被侵权以及侵犯他人商标权的双重风险，因而需要建立一整套监测和管理体制，并做好各种商标维护情形的行动预案和处理流程[9]。一方面，对于自身商标被侵权的情况，在检测到商标侵权风险时，可配合市场监管部门或律师团队制定一套商标侵权防范制度，对商标品牌进行积极的维护；另一方面，对于侵犯他人商标权的风险，企业可针对容易发生该风险的商标进行提前监测以预防侵犯他人商标权的问题发生。

参考文献

[1] 陈培建，夏斐然．"涪陵榨菜"商标品牌价值过百亿：涪陵榨菜集团股份有限公司成功注册数十件国际商标［J］．食品安全导刊，2014（14）：24.

[2] 重庆市农业农村委员会．涪陵：一颗青菜头撬动百亿产业带动60万人致富［EB/OL］．（2023-03-16）［2023-09-10］．https://nyncw.cq.gov.cn/zwxx_161/qxlb/202303/t20230316_11769736.html.

[3] 翟文．从"生"到"熟"：涪陵榨菜的文化生态研究［D］．吉首：吉首大学，2022.

[4] 董易难，潘秀文．现有驰名商标认定模式下企业驰名商标发展路径探究［J］．河北企业，2023（3）：38-40.

[5] 顾丹丹．企业专利申请与专利保护策略探究［J］．科技创新与应用，2020（3）：12-13.

[6] 王文宾．企业建设过程中知识产权管理体系构建的几点思考［J］．法制博

览，2022（8）：145-147.

［7］ 陈育霖，林仕敏，沈伟兵等. 基于知识管理视角的央企知识产权价值管理［J］. 环渤海经济瞭望，2023（9）：18-21.

［8］ 焦杏玲. 从企业商标使用状况看商标管理［J］. 合作经济与科技，2006（24）：32-33.

［9］ 苏佳伟. 商标品牌管理助力中小企业发展转型［J］. 中华商标，2021（4）：41-43.

道地药材地理标志保护现状与分析[*]

——以中医药和地理标志双"十四五"规划为背景

一、问题的提出

（一）道地药材知识产权保护的必要性

2022年国务院办公厅印发《"十四五"中医药发展规划》，明确指出要"加强道地药材生产管理。制定发布全国道地药材目录，构建中药材良种繁育体系"。道地药材，通常指来源于特定地区、具备显著药性并且在传统中医临床实践中获得广泛运用，因其道地性、特异性和实用性而闻名的中草药。药性决定疗效，道地药材的保护直接关系到患者的疾病转归，是传统医学临床效果的根基所在。具体而言，保护道地药材知识产权的必要性体现在以下两个方面。

1. 传统医学经验总结的保护价值

南橘北枳，中药材品质亦是如此。我国历代医家均十分强调道地药材对

---

[*] 陈昱杉、范雨轩，上海政法学院2021级法律硕士。

于扶正祛邪的必要性。早在秦汉时期，《神农本草经》就提出了"道地药材"的概念雏形。随后，在唐代《新修本草》《千金翼方》中也有大量关于药材和产地的记录。南宋时期的《本草拾遗》首次讨论了使用道地药材和非道地药材对临床效果的影响，同时代的《本草品汇精要》记录了916种植物药材，其中共有268种道地中药材，明确指出了在临床治疗中使用道地药材对于疾病转归的重大影响[1]。传统典籍记载表明，道地药材是中国传统医学经验总结的重要载体，具有保护价值。

2. 现代药学循证分析的科学价值

现代药理学研究同样表明，在特定地区生长的道地药材在成分上具有显著的特异性。例如，产自青海的道地药材大黄中含有大量的蒽醌衍生物，因而其泻下作用显著；而生长在黑龙江的大黄则鞣酸含量更高，反而具有止泻的作用[2]。我国于20世纪在全国范围内开展的"南药北移、北药南移"对药性产生的不利影响，也表明了产地对于药物疗效的重要影响[3]。近年来，随着中医药学的全球化，各国引进种植中药品质的下降也引起人们的担忧。此前韩国农村振兴厅作物科学研究所曾尝试在韩国境内种植当归，却发现其在低海拔地区无法生长。即使在韩国海拔较高的地区，其也因为产量太低而不能规模化生产[4]。引入美国东南部种植的黄芪则因为受根腐病和象鼻虫科害虫的侵害而难以成为合适的经济作物[5]。现代循证医药学研究表明，道地药材成分、功效的特殊性有客观依据，值得被重视和保护。

正因为产地对道地药材药性具有不可避免的影响，所以保护道地药材对于中医药事业的发展具有举足轻重的作用。我国作为中药的原产国，为保持药材在国际市场中的竞争力，获取国际市场消费者的信任，有必要通过知识产权制度确保道地药材的药性，提升中医药临床疗效，从而推动中医药走向世界。

（二）道地药材地理标志保护路径的优势

我国现行法律体系中，道地药材的保护路径包括非物质文化遗产、专利、中药品种、商业秘密、地理标志等。在诸多路径中，地理标志保护路径具有一定优势，其他路径均存在不足之处。

1. 非物质文化遗产保护路径的不足

根据《保护非物质文化遗产公约》的规定，道地药材属于非物质文化遗产的保护范畴，然而截至 2023 年 9 月，通过非物质文化遗产保护的道地药材仅有 3 种①，究其原因，主要有以下三点：第一，通过非物质文化遗产保护的道地药材多与炮制技术、药文化有关，而与道地药材的道地性关联度较弱；第二，中国道地药材种植基地的分布星罗棋布，认定非物质文化遗产不可或缺的濒危性也与许多道地药材的高产特性不符；第三，最关键的是《中华人民共和国非物质文化遗产法》并未规定具体权利的救济途径。在当前市场化的背景下，道地药材受到的侵害主要来自非道地产区药材贴牌冒充道地药材的不当竞争行为，因此，纳入非物质文化遗产项目并不能很好地改善道地药材相关权利被侵害的现状。

2. 专利保护路径的不足

专利保护是医药产品知识产权的重要保护制度。通过赋予权利人独占实施权，专利制度可以有效保护中药技术的创新和发展。[6] 但相比普通中药材，道地药材与专利制度有诸多不契合之处：第一，大多数道地药材来源于中医古籍记载和传统知识传承，很难符合授予专利权所要求的新颖性、创造性；

---

① 中国非物质文化遗产网、中国非物质文遗产数字博物馆［DB/OL］.（2023-09-19）［2024-08-01］. https://www.ihchina.cn.

第二，由于道地药材缺乏明确的技术特征，"全部技术特征"原则在道地药材侵权案件中难以运用；第三，专利保护的目的在于通过向社会公开发明创造来促进技术的流转和创新，但道地药材的疗效与产地高度相关，即使进行技术公开也难以发挥其促进技术发展的作用。

3. 中药品种保护路径的不足

中药品种保护是对中药专利保护不足的一种特别补充。相比专利权，授予品种保护不要求其具备新颖性和创造性且最长保护期可达 30 年。虽然《中药品种保护条例》中规定保护范围包括中成药、中药饮片和中药材，但目前授予中药品种保护的对象仍集中在中成药领域。而且，中药品种的保护也不能覆盖包括种植、选育、炮制在内的对中药材药性至关重要的过程。因此很难对道地药材的道地性进行有针对性的保护。

4. 地理标志保护路径的契合性

相比其他保护路径，地理标志保护是与道地药材价值高度契合的保护路径，因此《中华人民共和国中医药法》（简称《中医药法》）明文鼓励采取地理标志保护路径来保护道地药材。第一，道地药材的疗效源于道地产区得天独厚的地理环境以及一代代生产者精挑细选的良种繁育，是财产价值和人文价值的统一。而地理标志具有地域性、人文性等特征，其既关系到道地药材的道地性，又能兼顾其背后的人文传统，与道地药材高度相关。第二，道地药材作为自然因素和历史因素共同作用的产物，是属于道地产区相关从业人员的集体财富。地理标志的权利主体包括集体申请者、产地生产者和经营者，而其与道地药材的公共产权属性高度一致。

综上所述，道地药材地理标志保护路径是与道地药材最为契合也最有优势的路径。

二、调研背景及方法

2022年3月《"十四五"中医药发展规划》和2021年12月《地理标志保护和运用"十四五"规划》出台,分别提出构建中药材良种繁育体系和协调有序的地理标志保护制度,这是本调研课题的大背景。

(一)构建中药材良种繁育体系

中药材良种繁育是中医药产业发展的基石,也是保证中药品质和消费者安全的关键一环。《"十四五"中医药发展规划》明确指出要加强道地药材生产管理、构建中药材良种繁育体系。道地药材作为优质中药的代名词,其生产管理是构建中药材良种繁育体系的重中之重,而健全的知识产权保护制度有利于保障道地药材的良种繁育。如前文所述,地理标志保护模式因与道地药材道地性和药性的高关联度,是最契合道地药材特性的知识产权保护路径。2021年国家知识产权局印发的《地理标志保护和运用"十四五"规划》为地理标志保护制度改革奠定了基调,该规划提出的建立协调有序的地理标志保护制度恰与国家构建中药材良种繁育体系在时间上重叠,因此在《"十四五"中医药发展规划》和《地理标志保护和运用"十四五"规划》的双重背景下,道地药材地理标志保护事业定能蓬勃发展。

(二)构建协调有序的地理标志保护制度

1. 地理标志保护"三足鼎立"的历史困境

合理的地理标志保护模式是有效保护道地药材地理标志的保障,我国的地理标志管理体系在2018年机构改革之前一直处于"三足鼎立"的状态,采取地理标志产品、地理标志商标、农产品地理标志"混合保护模式",分属三家主管部门负责。为与《与贸易有关的知识产权协议》接轨,我国在1999年发布的《原产地域产品保护规定》中提出了原产地域产品的概念,该规定后续被原国家质量监督检验检疫总局(以下简称原质检检疫总局)发布的《地理标志产品保护规定》替代。原国家工商行政管理总局(以下简称原工商总局)自1994年开始采用集体商标、证明商标的模式保护地理标志[7],原农业部在2008年制定了《农产品地理标志管理办法》并据此对农产品地理标志进行保护。

上述"混合保护模式"导致我国地理标志保护领域出现了诸如管理机构叠床架屋、地理标志术语繁多、执法权限不明晰、三种保护模式互相掣肘等问题。

2. 地理标志保护的"统一管理"趋势

2018年机构改革后,原工商总局、原质检检疫总局等相关部门整合为国家市场监督管理总局(以下简称市监总局),商标、原产地地理标志统归市监总局下属的国家知识产权局管理,2023年机构改革后国知局又被调整为国务院直属机构。

为理顺地理标志管理体系,国家知识产权局于2019年发布了统一的"地理标志专用标志",2022年4月又发布了《地理标志专用标志使用管理办法(试行)》(以下简称《专用标志试行管理办法》),原质检检疫总局发布的地理标志保护产品专用标志(PGI绿标)和原工商总局商标局发布的地理标志商标专用标志(GITM绿标)被废止,统一为新版地理标志专用标志(GI红标)。《专用标志试行管理办法》第6条第1款规定,地理标志保护产品和作为集体商标、证明商标注册的地理标志使用地理标志专用标志的,应在地理标志专用标志的指定位置标注统一社会信用代码。至此,原质检检疫总局和原工商总局商标局分别使用的地理标志专用标志被统一,专用标志的日常监管工作也改由地方知识产权管理部门负责。

需要明确的是，专用标志的统一并不代表专门保护模式和商标保护模式已经合一。根据《专用标志试行管理办法》的规定，地理标志产品将继续受到保护，只是需要将专用标志由原地理标志保护产品专用标志（PGI 绿标）转化为新版的地理标志专用标志。因此一些将《专用标志试行管理办法》的规定解读为地理标志统一采取商标保护模式的观点实属误解。

农业农村部为配合地理标志统一认定制度改革，于 2022 年发布第 623 号公告废止了《农产品地理标志登记程序》，即不再进行新的农产品地理标志登记。① 该部下属的中国绿色食品发展中心又印发了中绿地（2022）98 号文，将 8 项农产品地理标志登记技术规范予以废止。②

2023 年 12 月 29 日，国家知识产权局颁布了《地理标志产品保护办法》，该办法对修改过的《地理标志产品保护规定》进行了完善，在地理标志的认定、管理和保护方面作出了细化规定。通过《地理标志产品保护办法》的制定说明可知，为解决实务中保护模式"三足鼎立"的问题，国家知识产权局正在推动开展地理标志统一立法研究，先行启动规章层级的《地理标志产品保护规定》修改工作可以解决实务中的急难问题，最终健全专门保护与商标保护相互协调的统一地理标志保护制度。③ 通过《地理标志保护和运用"十四五"规划》亦可看出，国家知识产权局将进一步统一规范不同保护渠道的地理标志保护流程，构建有中国特色的地理标志保护与运用制度。

---

① 《中华人民共和国农业农村部公告 第 623 号》[EB/OL].（2022-11-07）[2023-09-20]. http://www.moa.gov.cn/govpublic/ncpzlaq/202211/t20221121_6415870.htm.

② 《中国绿色食品发展中心关于废止农产品地理标志登记技术规范文件的通知》[EB/OL].（2022-11-07）[2023-09-20]. http://www.greenfood.agri.cn/tzgg/202306/t20230612_7995051.htm.

③ 《地理标志产品保护办法》制定说明[EB/OL].（2024-01-02）[2024-08-14]. https://mp.weixin.qq.com/s/UviqBQ-IzvLWqL3oE0-eGg.

（三）调研方法

基于上述局面，本小组采用统计调查法、专家访谈法、规范分析法对道地药材目录制定现状和问题，以及道地药材地理标志的三大保护模式在注册、管理、保护、司法救济等方面的现状进行调研，并剖析了道地药材地理标志保护制度的不足之处。

1. 统计调查法

统计调查法是深入了解中国道地药材地理标志各地数量和历年数量的有力工具。通过对国家知识产权局中国商标网、地理标志检索系统及中国绿色食品发展中心发布的全国农产品地理标志登记汇总表进行检索（截至2023年9月），调研组获取了关于道地药材三种地理标志的数据，其中包括各类地理标志的地理位置、申请年份、批准数量等。通过这些数据可以直观地分析出申请地理标志的历年趋势，并识别出申请热点地区以及地理标志在全国各地的分布情况。

2. 专家访谈法

道地药材目录的遴选制定工作与农业农村部、中医药管理局有着密不可分的关系。通过对农业农村部种植业管理司工作人员的访谈，调研组了解到全国道地药材目录制定的相关情况、道地药材保护的最新动向以及中医药管理局、农业农村部在该领域的发展战略。此外，本调研小组还联系了中国中医科学院广安门医院、北京中医药大学东方医院的博士生和北京同仁堂中医诊所的坐诊医师，获取到中医药相关从业人员对道地药材地理标志保护现状的看法。经过专家访谈获取到的专业意见和前沿信息对于全面分析道地药材地理标志的现状和未来至关重要。

3. 规范分析法

规范分析法是法学核心研究方法之一。在调研过程中，本小组通过检索全国人民代表大会、国务院办公厅、最高人民法院、农业农村部、国家知识产权局、中医药管理局以及各省市相关职能部门发布的规范性文件，了解了道地药材地理标志保护现状和道地药材遴选情况，并研究了《中华人民共和国民法典》（简称《民法典》）、《商标法》、《中医药法》、《地理标志产品保护规定》、《农产品地理标志管理办法》、《集体商标、证明商标注册和管理办法》等。对于上述法律法规、部门规章及规范性文件的深入研究有助于全面了解道地药材地理标志领域的法律框架和管理体系，进而发现地理标志现有保护模式的潜在问题，并为提升道地药材地理标志保护和运用水平提供对策和建议。

三、道地药材地理标志保护现状与分析

（一）道地药材目录

1. 道地药材目录制定现状

（1）全国道地药材目录制定现状

明确道地药材的种类有利于对道地药材相关知识产权进行有针对性的保护。中国中医研究院中药研究所胡世林先生主编的《中国道地药材》是当前中医药学界公认的道地药材现代研究的集大成者，该著作以道地药材的主产地域为标准，将我国的道地药材分为 15 类 323 种。[8]《中国道地药材》于 1989 年出版，距今已 30 多年，其也并非有权部门制作的规范性文件层面名录。规范层面的全国道地药材目录的缺位不利于明确道地药材地理标志的保护对象，相

关知识产权部门在审查道地药材相关知识产权时难以统一道地药材的界定标准，一般公众对于道地药材的概念也只有模糊性的认识。加强对道地药材及其背后传统知识相关知识产权的保护已是中医药界的共识，近年来相关部门亦多次提及推进全国道地药材目录的遴选制定工作。

2018年4月，国家中医药管理局组织有关单位和专家召开道地药材目录制定工作研讨会，强调了药材的药性和道地性，突出其临床疗效，并以此为导向研究制定道地药材目录。自2018年以来，农业农村部在对全国人大代表建议的答复中多次提到制定道地药材目录以保障中药材品种质量，见表1。由于工作量较大和遴选过程较为复杂，因此全国道地药材目录至今尚未发布。2021年，国家认证认可监督管理委员会发布了《道地药材评价通用要求》（RB/T 071—2021），行业标准的出台给道地药材的认证提供了指引。《"十四五"中医药发展规划》明确指出要"制定发布全国道地药材目录"[1]，更是给全国道地药材目录的制定工作注入了催化剂。调研小组经联系农业农村部种植管理司获悉[2]，目前全国道地药材目录制定工作由国家中医药管理局牵头、农业农村部会同，现全国道地药材目录草案已初步定稿。

表1 国务院办公厅和农业农村部近年来在规范性文件中对道地药材目录的表述[3]

时间	文件名称	发布单位	表述
2018	对十三届全国人大一次会议第7121号建议的答复	农业农村部	保障中药材品种质量稳定，制定道地药材目录
2019	对十三届全国人大二次会议第4187号建议的答复	农业农村部	正在会同有关部门和单位编制全国道地药材目录

---

[1] 国务院办公厅. 国务院办公厅关于印发"十四五"中医药发展规划的通知[EB/OL]. （2022-03-13）[2023-10-05]. https://www.gov.cn/zhengce/content/2022-03/29/content_5682255.htm.

[2] 2023年9月25日，调研小组致电农业农村部种植业管理司，并收到了电话回复。

[3] 本表信息通过检索农业农村部网站（http://www.moa.gov.cn），以及梳理农业农村部对第十三届全国人大会议的若干建议的答复而获得。

续表

时间	文件名称	发布单位	表述
2019	对十三届全国人大二次会议第7585号建议的答复	农业农村部	加快发布道地药材目录，推进优质中药材种植
2022	《"十四五"中医药发展规划》	国务院办公厅	加强道地药材生产管理，制定发布全国道地药材目录

（2）31个省（自治区、直辖市）道地药材目录制定现状

近年来，各地相关职能部门在中央保护中医药资源精神的指引下，相继制定了道地药材认定办法，积极开展道地药材遴选工作，发布已相对成熟的道地药材目录，这极大地方便了知识产权审核部门界定需保护道地药材的概念，从而有利于优先保护名录内具有代表性和稀缺性的道地药材相关地理标志。

由表2可知，截至2023年9月，31个省（自治区、直辖市）中共有10个省的中医药行政管理部门或农业、林业部门牵头制定了规范性文件层面的道地药材目录。由于各地实际情况差异较大、工作进度不一，部分省份还未完成道地药材目录制定工作，例如河南省政府办公厅在《河南省人民政府办公厅关于加快中药材产业高质量发展的意见》（豫政办〔2022〕113号）中提到实时发布《河南省道地药材目录》，但截至本调研报告完稿之时还未发布。《甘肃省中医药条例》第20条明确规定有权职能部门应当制定本省道地药材目录。① 由此可见，当地已经通过地方性法规的形式明确了行政机关制定道地药材目录的义务，有较高的本土道地药材保护意识，但基于某些原因，工作进度仍有待提高。

---

① 《甘肃省中医药条例》第20条第1款规定："省人民政府中医药主管部门和农业农村、林业草原部门应当制定甘肃道地药材目录，建立甘肃道地药材种质资源库、种质资源保护地。"

表2 10个省（自治区、直辖市）已发布的道地药材目录

名录名称	发布单位
《关于公布山东省道地药材名录、特色药材名录和山东省中药材"鲁十味"名单的通知》	山东省卫生健康委员会、山东省发展和改革委员会、山东省科学技术厅、山东省工业和信息化厅、山东省自然资源厅、山东省农业农村厅、山东省药品监督管理局
《黑龙江省道地药材目录》	黑龙江省中医药管理局、黑龙江省农业农村厅、黑龙江省林业和草原局、黑龙江省药品监督和管理局
《河北省道地药材目录（第一批）》	河北省中医药管理局、河北省工业和信息化厅、河北省农业农村厅、河北省卫生健康委员会、河北省林业和草原局、河北省药品监督管理局
《内蒙古自治区"蒙十味"道地药材名录》	内蒙古自治区卫生健康委员会、内蒙古自治区中医药管理局、内蒙古自治区农牧厅
《青海省主要道地中藏药材（十八青药）》	青海省林业和草原局、青海省发展和改革委员会、青海省科学技术厅、青海省工业和信息化厅、青海省农业农村厅、青海省卫生健康委、青海省市场监督管理局、青海省药品监督管理局
《贵州省道地药材目录（第一批）》	贵州省农业农村厅、贵州省中医药管理局、贵州省药品监督管理局
《广西道地药材目录》（第一批）《广西壮瑶等少数民族药材目录》（第一批）	广西壮族自治区中医药管理局、广西壮族自治区农业农村厅、广西壮族自治区林业局、广西壮族自治区药品监督管理局
《湖北省"十大楚药"评选结果》	湖北省农业农村厅、湖北省卫生健康委员会
《湖南省道地药材目录（第一批）》	湖南省中医药管理局、湖南省药品监督管理局、湖南省农业农村厅、湖南省卫生健康委员会
《浙江省道地药材目录（第一批）》	浙江省中医药管理局、浙江省经济和信息化厅、浙江省农业农村厅、浙江省卫生健康委员会、浙江省林业局、浙江省药监局

2. 道地药材目录遴选与制定过程中的问题

（1）全国与部分省份道地药材目录制定进度较慢

自2018年以来有关部委乃至国务院办公厅都提出要制定全国道地药材目录，但截至目前仍未公布草案，目录制定主体还需要协调好各方的意见，公布目录草案，并广泛听取民间意见。由表2可知，包括道地药材产业大省（直辖市）甘肃、重庆、陕西在内的诸省（自治区、直辖市）有关部门尚未发布官方道地药材目录，这将不利于当地道地药材产业的规模化、规范化发展。四川省中药行业协会于2022年8月公布了《四川省道地药材名录（86种）》①，囿于行业协会非有权部门，四川省道地药材名录存在权威性不足的问题。此外，2022年年底由陕西省中医药管理局制作的公益专题片《秦药》播出，专题片记录了15种大宗道地药材。《秦药》一经播出，在中医药文化宣传领域取得了较好的反响，但纪录片不属于法律层面的权威性规范文件，选取拍摄素材的时候也未经过严格的遴选程序，因此其参考性会大打折扣。

（2）各地道地药材目录制定水准良莠不齐

在已经印发的道地药材目录中，部分省市甚至标注了目录批次，这也预示着后续会有道地药材目录的遴选、评比、制定工作。将道地药材目录视作系统性工程，由有权部门制定权威的道地药材目录，这无疑给予了中药材市场一系列权威性的指南。

浙江、湖南、河北、贵州等地发布的药材目录包含了道地药材名称、标准收载药材名、基源、道地产区等信息，内容翔实且对道地产区的划分基本对应到行政区划的县、乡一级，这既有利于道地药材的产地识别，更方便了相关地理标志地域性方面的申请审查工作。

---

① 四川省道地药材名录（86种）［EB/OL］．（2022-08-11）［2023-10-05］．http://www.sczyxh.com/daodid/1024741944778166272.html.

内蒙古自治区、广西壮族自治区、青海省等地发布的目录不仅包含道地药材，还包含具有地方特色的少数民族药材，这对于少数民族道地药材、特色药材的知识产权保护都起到了指引参考作用。但内蒙古自治区和青海省发布的名录未注明道地药材名和详细的道地产区，目录信息不如浙江、湖南等省发布的名录翔实。此外，山东省公布的《山东省道地药材名录》仅有药材名称，其余信息一概没有注明。《湖北省"十大楚药"评选结果》由湖北省人民政府新闻办公室发布[①]，但其离严格的名录标准还有一定距离，还需要进一步上升为规范性文件。

各地应组建遴选评审委员会，吸纳中医药领域的专家、极富种植经验的药农参与评审。同时，还应进一步完善细化道地药材和特色药材认定办法、规范道地药材遴选程序，严格按照认定办法进行评选，避免地域利益和私人利益对遴选程序的不当影响，而且遴选程序要留足公示时间、畅通异议途径。各相关道地产区县级以上人民政府的指定申请主体可以比照省一级有权部门颁发的道地药材目录，并根据《商标法》、《地理标志产品保护规定》以及《地理标志产品标准通用要求》（GB/T 17924—2008）进行查漏补缺，从而及时申请地理标志保护。

（二）道地药材地理标志产品

1. 道地药材地理标志产品保护现状

通过检索国家知识产权局发布的地理标志保护产品批准公告和原质检检疫总局地理标志保护产品批准公告，截至2023年8月3日，国家总计发布232项实施地理标志保护产品的道地药材，其中历年批准数量见图1。

---

① 湖北省"十大楚药"评选结果［EB/OL］. (2022-07-16) [2023-10-05]. http://www.hubei.gov.cn/zwgk/hbyw/hbywqb/202207/t20220716_4223149.shtml.

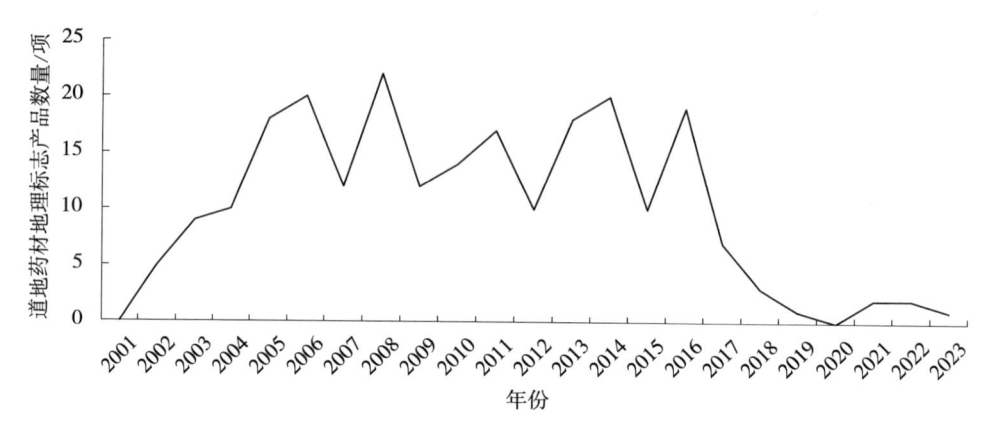

图 1 2001—2023 年道地药材地理标志产品历年批准数量

由图 1 可知，我国道地药材地理标志产品历年批准数量经历了一个先升高后降低的过程。在地理标志产品保护制度建立的前五年，道地药材地理标志产品每年的批准数量稳步增长，至 2006 年全年度批准的数量达到 20 项。中间十年处于平稳期，批准数量整体波动不大，均保持在每年 10~20 项的水平。此后几年由于受到地理标志改革的影响，即《专用标志试行管理办法》的出台，国家知识产权局全面开展试点改革，因此地理标志产品批准数量迅速减少，2018—2023 年总计仅有 5 项道地药材地理标志产品得到批准。

通过在威科先行网检索关键字"地理标志产品""药材"，共得到 2001 年至 2023 年 9 月涉及地理标志知识产权纠纷的公开判决书 21 份，除 1 起诉讼为不正当竞争纠纷外，其余 20 起诉讼均为商标权纠纷。其中部分地理标志即使具有多重保护，例如霍山石斛、鸿茅药酒等同时具备地理标志产品和商标保护，权利人也都倾向于选择商标保护模式。换言之，在多头管理的历史维度下，地理标志产品保护制度在很多时候因其救济效力有被架空之嫌。

2. 道地药材地理标志产品保护问题分析

（1）授予主体范围过窄

截至 2023 年 10 月[①]，授予地理标志产品保护的道地药材数量仅 232 项，远低于地理标志商标保护数量。究其原因在于地理标志的申请人范围过于狭窄，与中药种植现状不匹配。依据《地理标志产品保护规定》，地理标志的申请应由当地县级以上人民政府指定的地理标志产品保护申请机构或人民政府认定的协会和企业提出。然而，道地药材的种植大多集中在经济欠发达的山区，即使是丘陵和平原地区的道地药材，也为了避免侵占粮食作物土地资源而分散种植于相对贫瘠的土地上。[9] 因此，道地药材多由中小农户种植，规模化和产业化程度较低，大多数生产者难以符合地理标志申请人的前提条件。

（2）权利救济在立法层面存在先天不足

在多头管理的背景下，地理标志权利人更倾向于选择商标保护模式进行权利救济，原因在于我国的地理保护制度欠缺明晰的保护机制。不同于《商标法》第 7 章对侵犯商标权行为的具体形式、侵权赔偿数额计算方式等的明确规定，《地理标志产品保护规定》等相关法规并没有对何种行为构成侵权、被侵权人有何种救济途径等作出明确规定，因此被侵权人无法通过地理标志产品保护制度获得经济补偿。

而在行政执法层面，法律仅规定各地质检部门有权对侵权行为"依法进行查处"，但对于处罚的内容和程序并无任何具体规定。由于《地理标志产品保护规定》在权利保护方面的先天不足，现有地理标志产品制度可能成为"道旁苦李"。

---

① 如无特殊说明，本调研所引用的法律法规、政策、数据均截至 2023 年 10 月。

（三）道地药材地理标志商标

1. 道地药材地理标志商标保护现状

（1）道地药材地理标志商标的地域分布和数量变化趋势

原国家工商总局自1994年开始采用集体商标、证明商标的模式保护地理标志，相较于《地理标志产品保护规定》和《农产品地理标志管理办法》，《商标法》是目前关于地理标志保护的高位阶法律。由于商标侵权有较为成熟的民事救济途径，因此道地药材相关权利人比较热衷于选取商标模式来保护道地药材地理标志。此轮地理标志保护制度改革中，协调商标保护模式和专门保护模式是一大课题，因此，在进行地理标志专门立法时，应注意和《商标法》的衔接。

本小组通过第三方商标查询软件"知擎者"，筛选整理出《中国中药材地理标志商标汇总》[10]（该表因篇幅未收录于正文中，可通过参考文献网址检索），并根据表中的省份、商标名称、商标号、申请人、申请年份、注册年份等信息分析出道地药材地理标志商标的地域分布和数量变化趋势。

由图2可知，通过商标模式保护道地药材知识产权的申请人主要集中在四川、山东、湖北、云南、重庆、福建、甘肃等省（自治区、直辖市），而这些地区也是传统的道地药材产出大省（自治区、直辖市）。

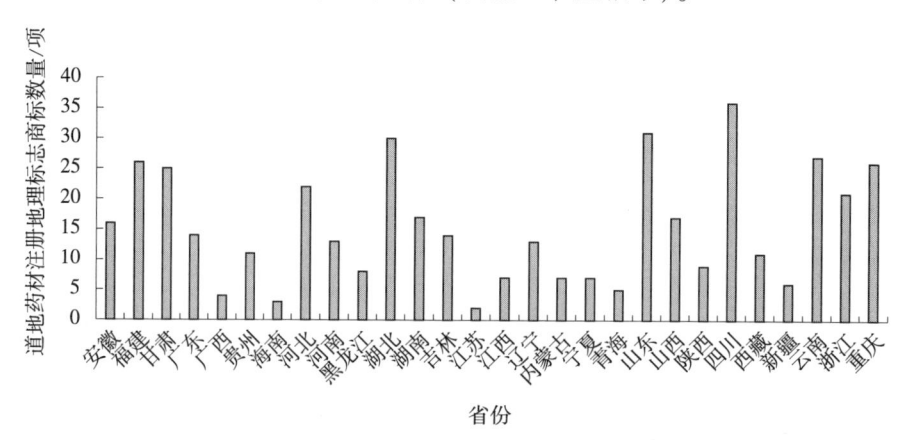

图2 2001年1月—2023年9月各省份道地药材注册地理标志商标数量统计

由表3及图3数据可知，截至2023年9月24日，道地药材地理标志商标注册数量总计428件。近年来，道地药材地理标志商标申请和注册数量较之21世纪初有大幅增加，越来越多的申请人寄希望于通过商标保护模式来保护道地药材地理标志。

表3　2001年—2023年9月24日道地药材地理标志商标注册数量

年份	2001	2002	2003	2004	2005	2006	2007	2008	2009	2010	2011	2012
数量	2	1	0	1	1	7	2	13	12	16	9	20
年份	2013	2014	2015	2016	2017	2018	2019	2020	2021	2022	2023	总计（件）
数量	23	36	23	13	23	46	33	60	31	43	11	426

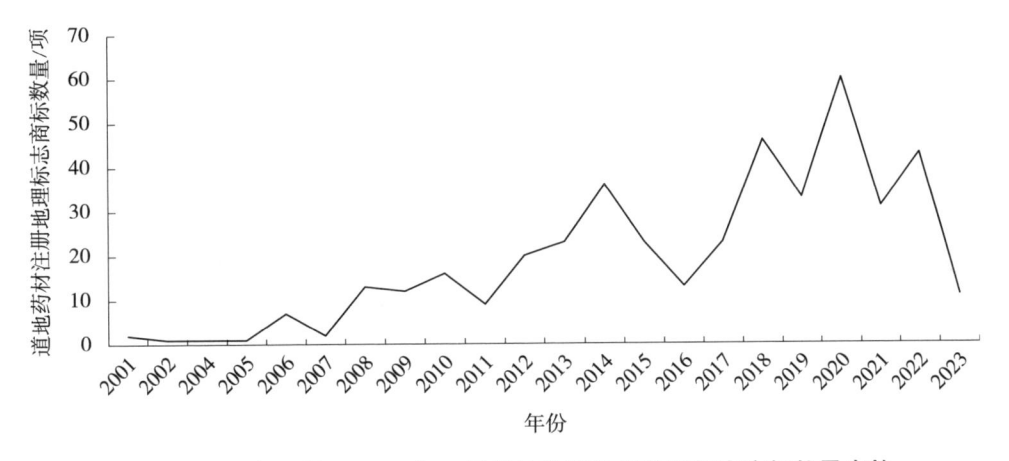

图3　2001年1月—2023年9月道地药材注册地理标志商标数量走势

（2）道地药材地理标志商标申请人类型

申请人类型主要有当地的事业单位、中医药行业协会、农产品协会，截至2023年9月，共有286个行业协会、142个事业单位。根据《商标法》第16条及《集体商标、证明商标注册和管理办法》第4条、第17条可知，集体商标、证明商标的主体必须是地理标志示范区内的团体、协会或其他组织。申请人类型规范化不仅是法律的要求，也反映出政府对保护当地道地药材知识产权以及当地优质中药材资源的认识逐渐深刻。

自20世纪末开始,一些地方政府就成立了专门的职能局来统一负责道地药材的生产和知识产权保护工作。例如,云南文山壮族苗族自治州(简称文山州)早在1997年就成立了三七特产局,2010年全州机构改革结束后,州三七特产局、州生物资源开发办公室两个机构和职能合并,组建了文山州生物资源开发和三七产业局。[11] 近年来,在推进机构职能精简整合的改革背景下,文山州三七的知识产权保护工作被统一划归到文山州政府的直属事业单位——文山州三七和中医药产业发展中心。该单位的内设机构商标服务科统一负责当地三七商标的续展、保护和维权工作。如今,由行业协会、专设事业单位来负责辖区内道地药材知识产权的保护已成为主流方式,此种模式可以有效调和机构职能精简整合与专设机构保护道地药材之间的矛盾,具有可推广性。

2. 地理标志商标保护模式的司法困境

地理标志商标保护模式的优势便是权利人持有的地理标志专用权一旦受到侵害,可通过商标侵权救济途径获取民事救济。但是检索历年来的地理标志商标侵权相关案例发现,地理标志商标侵权的判断标准并不统一,各级法院在此问题上各执己见,出现了一些同案不同判的现象。在地理标志商标侵权案件中,关于举证责任分配的争议尤为突出。普通商标用于指示主体来源,地理标志的功能则是识别产地和品质,道地药材的道地产区和品质(药性)难以直观辨别,需要有中医药专业知识的人辅助判断,这对原被告来说都不是易事。[12]

(四)道地药材农产品地理标志

1. 道地药材农产品地理标志保护现状

经检索农业农村部信息中心主办的中国绿色产品发展中心发布的《全国

农产品地理标志登记汇总表》①，2008—2021 年农产品地理标志历年登记数量见图 4。

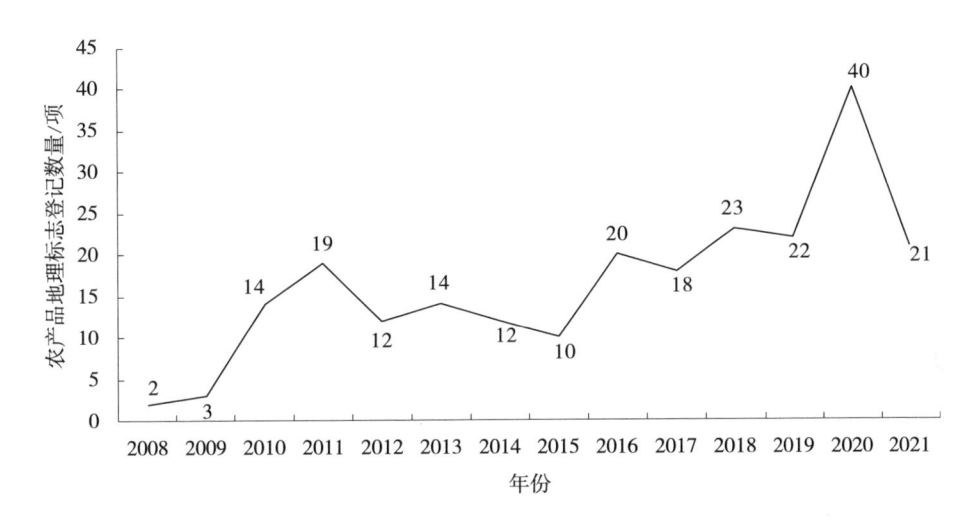

图 4　2008—2021 年农产品地理标志历年登记数量

根据图 4 的数据，在 2019 年《农产品地理标志管理办法》修订之前，农产品地理标志每年的登记数量整体趋势平稳。2020 年，地理标志登记数量达到高峰，一年内登记了 40 项道地药材，占 2008—2021 年登记总数的 17.4%，较 2019 年提高了 81.8%。这与 2019 年农业农村部对《农产品地理标志管理办法》的修订不无关系。依据农业农村部令 2019 年第 2 号，农业农村部决定删除《农产品地理标志管理办法》（2007 年 12 月 25 日农业部令第 11 号公布）第 9 条第 2 项，即在提出农产品地理标志登记申请时不再需要提交申请人相应的资质证明。在修订以前，根据《农产品地理标志登记申请人资格确认评定规范》的要求，符合条件的申请人应当出具县级以上政府审核并公示后的资质证明，否则不得授予登记。从实际数据来看，原有规定在形式上的

---

① 中国绿色食品发展中心. 全国农产品地理标志登记汇总表［EB/OL］.（2022-02-25）［2023-09-13］. http://www.greenfood.agri.cn/xxcx/dlbzcx/.

烦琐在一定程度上阻碍了道地药材地理标志的申请。

2021年，农产品地理标志公示数量骤减，年登记数量仅21项，较前一年减少近50%，此系受到地理标志制度改革的影响。农业农村部信访处在答网民的留言中提及，其由于正配合国家知识产权局构建地理标志统一认定制度，遂停止相关登记工作。① 此举与《地理标志保护和运用"十四五"规划》提出的建立协调统一的地理标志保护制度不谋而合。

由表4可知，截至2022年9月，全国运用农产品地理标志保护道地药材的数量累计达230项，各省（自治区、直辖市）和新疆生产建设兵团农产品地理标志的平均数量为7.19项。其中甘肃、河南、湖北、湖南四省份较倾向于使用农产品地理标志保护道地药材。截至2022年，四省在农产品药材分类中累计取得74项地理标志，占全国农产品地理标志总数的32%以上。四省农产品地理标志平均数量高达18.5项，超出全国各省份平均值173%。

表4 31个省（自治区、直辖市）和新疆生产建设兵团农产品地理标志数量

省（自治区、直辖市）和新疆生产建设兵团	农产品地理标志数量（项）
甘肃省	23
河南省	19
湖北省	18
湖南省	14
浙江省	14
山东省	12
山西省	12
内蒙古自治区	11
四川省	10

---

① 农业农村部信访处答网民关于"农产品地理标志认证政策咨询"的留言［EB/OL］.（2022-09-22）［2023-10-22］. http://www.moa.gov.cn/bzxxlyhf/xfwy/netizen/replyDetail.html?strMinisterCode=W20220922009.

续表

省（自治区、直辖市）和新疆生产建设兵团	农产品地理标志数量（项）
安徽省	9
福建省	8
黑龙江省	8
青海省	8
陕西省	8
贵州省	6
广西壮族自治区	5
河北省	5
吉林省	5
江西省	5
宁夏回族自治区	5
重庆市	5
辽宁省	4
新疆维吾尔自治区	4
广东省	3
云南省	3
江苏省	2
新疆生产建设兵团	2
海南省	1
西藏自治区	1
北京市	0
上海市	0

根据我国的地理区划，可将农产品地理标志的所在地分为华东、华南、华中、华北、西北、西南、东北七个区域，各地区道地药材的农产品地理标志数量如图5所示。

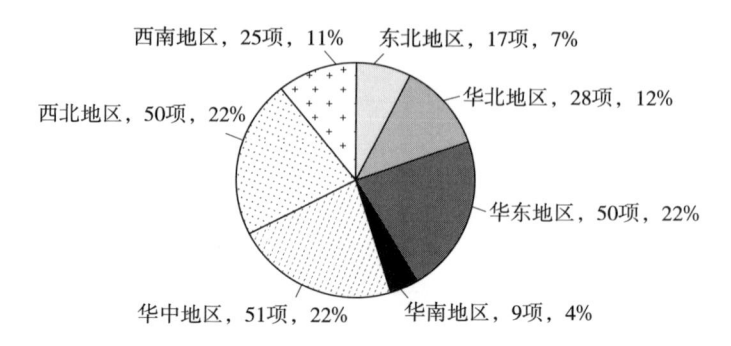

图5 七大区域道地药材农产品地理标志数量分布及占比

(西南地区，25项，11%；东北地区，17项，7%；华北地区，28项，12%；华东地区，50项，22%；华南地区，9项，4%；华中地区，51项，22%；西北地区，50项，22%)

通过整理图5中的数据可发现，我国取得农产品地理标志保护的道地药材数量在地域分布上存在较大差异。其中华中、西北、华东地区道地药材数量最多，合计占比约66%；西南地区、华北地区占比相对较少，分别占比11%和12%；东北地区和华南地区则数量最少，分别为17项和9项，合计占比仅为11%。究其原因可能既有自然因素也有社会因素。一方面，东北和华南的特殊气候可能不适于大多数药用植物的种植和生长；另一方面，道地药材是历史传承下的产物，东北和华南地区在中国历史疆域变迁过程中的大部分时期属于边远地区，这也导致了两地被发掘的道地药材资源不够丰富。

2. 道地药材农产品地理标志保护问题分析

（1）缺乏对侵权行为的救济机制

通过对比各地区授予的农产品地理标志和商标的道地药材数量可以发现，农产品地理标志的数量远低于商标的数量。其中，云南、四川、山东等道地药材商标大省被授予的农产品地理标志数量反而非常稀少，其背后的重要原因在于农产品地理标志制度并不能为申请者提供有效的救济途径。《农产品地理标志管理办法》作为部门规章并未规定任何关于私权的救济途径，虽然其规定了违反该办法的行为可依照《中华人民共和国农产品质量安全法》（简称《农产品质量安全法》）进行处罚，但所引述法律中并未涉及地理标志的处罚规定。换言之，农产品地理标志制度既无民事救济途径，亦无行政处罚依据，在立法层面与地理标志产品制度一样存在权利救济的"先天不足"问题。在不能为申请人提供保护的前提下，农产品地理标志对道地药材来说就是鱼质龙文。

（2）缺乏明确的道地药材认定程序和标准

保护道地药材的目的在于确保中药品质，提高中医药疗效，然而认定标准的缺位使得人们难以把握道地药材的实质内容。某些地区的农业部门盲目遵循古籍的记载，不适当地给予质量不佳的药材地理标志保护，从而直接导致了药材市场的混乱。例如在传统中医记载中，宁夏甘草是一种为医师所广泛使用的道地药材。但自20世纪70年代以来，甘草的野生种群迅速减少，现在已被列为中国濒危的药用植物品种之一。如今，大部分甘草需求已经转向由人工栽培的甘草供应。[13]这就引发了一个问题，即在传统道地产地中人工栽培的甘草可否被认为具有道地性。此外，由于气候变化等因素，甘草虽然在其道地产区产量迅速衰减，却在新疆等并非道地来源的地区繁荣生长。考虑到植物物种的地理分布可能会发生迁徙或转移的情况，因此有必要在规范层面上确立明确的道地药材标准，正视历史传承与道地产区迁徙的矛盾，并重新审视道地药材的概念。

为配合统一地理标志认定工作，农业农村部于2022年发布的第623号公告废止了农产品地理标志程序，不再受理农产品地理标志登记申请。但由于《农产品地理标志管理办法》依旧有效，所以原本已经登记的农产品地理标志不受影响。该举措一方面有利于推进构建统一的地理标志认定标准，另一方面对一直以来地理标志领域叠床架屋的管理问题作出了回应。

四、关于道地药材地理标志保护的对策与建议

（一）继续完善道地药材目录

道地药材目录是界定道地药材知识产权保护对象的重要指引，各省相关牵头单位应当认真审视道地药材的概念，积极组织、从严把控道地药材的遴选认证工作。尚未制定道地药材目录的省份要对照《"十四五"中医药发展规划》的要求，积极发掘本地区优质中药资源；已经发布第一批道地药材目录的省份可结合公众反响和学界建议，进一步优化后续道地药材目录的制定标准，同时积极学习浙江等省份的优秀经验，把制定目录做成一项经得起历史考验的系统性工程。

在全国各地区道地药材目录分批次出台的基础上，中医药管理局及相关部门进一步优化了全国道地药材目录草案，并将其适时公开，在科学遴选的基础上听取公众意见，做好传统中医药资源的传承工作。

（二）继续完善地理标志保护制度

《地理标志保护和运用"十四五"规划》《专用标志试行管理办法》《地理标志保护产品规定（征求意见稿）》向公众展示了国家理顺地理标志保护模式的决心和地理标志保护制度改革的大方向，如前文所述，未来将形成国家知识产权局作为统一管理机构的"协调有序"的管理模式，即地理标志专门保护模式和商标保护模式相辅相成。国家知识产权局在未来的管理模式将类似于古代剑术流派的"三刀流"（一人持三刀），协调好三种保护模式对其自身来说也是一项挑战。

1. 推动地理标志统一立法

地理标志领域法治化水平不高，缺乏一部专门的立法，目前仍然主要依赖部门规章和《商标法》的相关规定来保护地理标志。[14]《地理标志产品保护规定》本身只是原国家检验检疫总局发布的部门规章，效力等级不高。根据《中华人民共和国行政许可法》的规定，部门规章无权创设新的行政许可，因此《地理标志产品保护规定》的效力层级无法匹配地理标志专门保护模式的重要性，建议相关部门落实既定的地理标志统一立法要求，加速制定法律层级的"地理标志保护法"，同时须注意新法和《商标法》地理标志相关条文的衔接问题。

2. 完善地理标志统一认定制度

专门保护模式与商标保护模式各有利弊，当前保护模式转型的重点是使上述两种保护模式相互协调，下一步国家知识产权局可以考虑强化地理标志保护产品认定与地理标志集体商标、证明商标注册程序的衔接协调，加强两种保护模式之间的信息共享。在地理标志商标注册审查过程中，可以参考地理标志保护产品申请情况进行审查，协调统一专门保护模式和商标保护模式认定标准既能提高审查认定部门的工作效率，也可以有效减轻权利申请人的负担，便于道地药材权利人同时通过多种保护渠道来保护道地药材地理标志。

此外，农产品地理标志的认定工作可能也会归入国家知识产权局，形成如易继明教授所建议的"分类审查、统一认定"制度。如果未来农产品地理标志的审查工作仍由农业农村部负责，则该部可借鉴日本农林水产省内设知识产权课的经验①，加强内部知识产权审查部门的建设以确保审查的专业性，

---

① 日本国農林水産省知的財産課. 地理的表示法とは [EB/OL]. (2023-11-19) [2023-11-19]. https://www.maff.go.jp/j/shokusan/gi_act/outline/index.html.

并进一步完善农产品地理标志信息发布网站，使其更加国际化和透明化，以便于国内外公众和权利人查阅农产品地理标志的权利情况。农产品地理标志登记程序虽已废止，登记工作暂时处于搁置状态，但是"老人老办法"，已经申请登记农产品地理标志保护的产品仍受保护。农业农村部应注重对符合"老人老办法"产品的持续保护，特别是只选取了农产品地理标志单一保护模式的道地药材；而相关权利主体也应积极争取通过多途径保护道地药材地理标志。

3. 完善地理标志权利救济途径

继续完善与地理标志"协调统一"保护制度相匹配、私权救济与行政执法结合的二元救济机制。商标保护模式虽然便于权利人维护私权，但目前《商标法》对道地药材保护程度较低；地理标志产品保护模式适合公权力主动执法，但现行法规中对处罚程序和内容的规定都缺乏明确性。因此，应进一步推进相关保护模式的完善，在《商标法》中继续完善地理标志保护的特殊规定，加大对地理标志的保护力度；在《地理标志产品保护规定》中明确违法行为类型、处罚内容和程序，扎实推进依法行政，推动私权救济与行政执法的协调统一，以更有效地保护道地药材的知识产权。

（三）继续准确识别道地药材的产地范围

道地药材的一般命名规则是地理区域名称加药材通用名称，道地药材的道地性是形式、药性是实质，准确识别道地药材的道地产区是保障道地药材药性的重要前提。

1. 完善跨行政区划产品保护机制

目前，道地药材产区识别与划分工作遇到的实践难题十分突出：一方面，道地药材的道地产区可能出现跨行政区划的现象，基于自然地理条件的道地产区边界不可能和行政区划边界线完美贴合。《地理标志产品保护规定》第9

条初步规定了申请保护的产品原产地在跨县域和跨地市范围的情况下，可以由上一级人民政府提出产地范围建议，但是该条没有明确原产地跨省级行政区域的情况。随着长三角区域一体化和大湾区一体化的推动，跨省提出行政许可的情形日渐增多。规章制定部门可参照长三角一体化示范区在生态保护、市场监管等领域摸索出的"政务服务一体化"的有益经验，明确申请保护的产品跨省级行政区时，由有关省级人民政府共同提出产地范围的建议，完善跨行政区划地理标志产品保护申请机制。令人欣喜的是，自2024年2月1日起施行的《地理标志产品保护办法》第10条规定了跨省域范围的地理标志申请，从而填补了《地理标志产品保护规定》之空白。但未来在进行地理标志专门立法时，仍需要进一步细化跨行政区划申请地理标志产品的规则。

2. 协调历史传承与道地产区迁徙间的矛盾

道地药材产区可能因为气候变化、人为因素的影响而发生迁徙。如前所述，甘草的原产地宁夏已不具备规模化生产具有经济价值甘草的土地承载力，目前甘草的"道地产地"已经迁移到新疆，那么新疆和田、于田等地作为甘草的新产地能否被视为新的道地产区？新疆生产的甘草在符合药性判断标准的情况下，能否被视为"道地药材"？传世典籍不是划分道地产区的唯一依据[15]，我们应正视自然地理条件变化催生的道地产区迁徙问题，借助现代科技，通盘考虑地理因素、环境因素和人文历史因素来划分产地范围，从而处理好历史传承和道地产区迁徙间的矛盾。

（四）继续规范道地药材地理标志的权利持有人

道地药材为二元权利主体结构：道地药材知识产权为国家所有，但由特定的生产者占有并使用。道地药材的公共属性说明公权力有义务保护道地药材的知识产权，明确的责任主体可以避免公地悲剧的发生。在不违背机构职能精简改革原则的前提下，道地药材集中产区可仿照文山等地专设事业单位或行业协会负责道地药材的管理保护工作。具备行业知识和充沛资金的专门保护机构可进一步优化对应道地产区的道地药材种植标准和地理标志专用标志使用标准，走出道地药材地理标志"重申请，轻管理"的历史困境，以保障道地药材的药性、道地性和历史传承。

提高道地药材地理标志申请人的门槛也可能导致地理标志产品授予主体范围过窄。道地药材因其种植特色，多在山区和相对贫瘠的土地，且多由中小农户种植。由于中小规模种植户很难符合地理标志申请人条件，因此县级以上人民政府要主动筛查本地的道地药材，扶植有特色质量的道地药材，并且及时成立专门保护机构来申请相应的地理标志，以强化地理标志品牌效应，助力当地道地药材产业规模化运营。

参考文献

[1] 郭兰萍，黄璐琦. 中药资源的生态研究 [J]. 中国中药杂志，2004，29 (7)：615-618.

[2] 黄璐琦，刘昌孝. 分子生药学 [M]. 3版. 北京：科学出版社，2015：166-167.

[3] 谢宗万. 论道地药材 [J]. 中药研究，1990 (10)：43-46.

[4] Yu HS, Park CH, Park CG, Kim YG, Park HW, Seong NS. Growth characteristics and yield of the three species of genus [J]. Angelica Korean Journal of Medicinal Crop Science，2004，12 (1)：43-46.

[5] Shannon DA, Wang M, Kemppainen B, Mitchell CC, Salmasi SZ. Adaptation of Astragalus membranaceus varieties to southeastern United States：growth [J]. root development and astragaloside IV content Journal of Medicinal Plant Sciences，2014，2 (3)：80-91.

[6] 李慧，宋晓亭. 专利制度与中药品种保护制度的比较 [J]. 世界科学技

术-中医药现代化，2017（2）：223-227.

［7］柳励和. 道地药材的地理标志保护［J］. 南华大学学报（社会科学版），2009，10（2）：64-66.

［8］刘欣，涉及传统知识的道地药材保护研究［D］. 北京：北京中医药大学，2008.

［9］郭兰萍，张燕，朱寿东等. 中药材规范化生产（GAP）10年：成果、问题与建议［J］. 中国中药杂志，2014，39（7）：1143-1151.

［10］中国中药材地理标志商标汇总［EB/OL］.（2024-08-13）［2024-08-13］. https://mp.weixin.qq.com/s/bdTshT_T8Q82i-eB9VUmjg.

［11］李昶，黄璐琦，肖培根，王永炎. 道地药材的知识产权保护研究［M］. 上海：上海科学技术出版社，2011：22-83.

［12］浙江省高级人民法院联合课题组. 关于地理标志商标司法保护的调研报告［J］. 人民司法，2023（28）.

［13］Brinckmann, Josef A. Geographical Indications for Medicinal Plants: Globalization, Climate Change, Quality and Market Implications for Geo-Authentic Botanicals［J］. World Journal of Traditional Chinese Medicine, 2015, 1（1）: 16-23.

［14］易继明. 对我国地理标志保护制度的政策建议［N］. 法治日报，2021-11-17（11）.

［15］孟祥才，陈士林，王喜军. 论道地药材及栽培产地变迁［J］. 中国中药杂志，2011，36（13）：1687-1692.

加强地理标志保护，赋能乡村振兴[*]

——以重庆市地理标志为例

一、绪论

（一）调研背景

地理标志是一种重要的知识产权。中共中央、国务院高度重视地理标志保护工作。国务院印发的《"十四五"国家知识产权保护和运用规划》等重大政策文件，均对加强地理标志保护工作作出了部署和具体安排。2022年11月30日，广东省率先出台了《广东省地理标志条例》（共28条，于2023年1月1日起施行）。其他部分省份及重要地市均重视地理标志地方性立法工作，正积极推进地理标志立法，相关政策性指导文件及管理制度已初步形成（如江苏省、四川省等地正在有序进行地理标志地方性立法调研工作；陕西省政府早在2006年就发布了《陕西省地理标志产品保护办法》）。在比较分析现有地方立法、制度的情况及细化规则的基础上，为了解重庆市现有地理标志产品发展状况，调研组深入重庆市彭水县、万州区，以及广东省地理标志行业协会，分别以召开座谈会、电话会议等调研形式明晰实际情况，剖析经典

---

[*] 谭星鑫、李梦茹、邓建川、白益、邹汶瑾，重庆理工大学重庆知识产权学院知识产权管理专业2021级硕士研究生。

案例，力求调研项目取得实际效果，以加快推进《重庆市地理标志条例》的立法进程，从而促进重庆市经济社会发展。

（二）调研目的

我国知识产权保护体系中，对商标权、专利权、著作权、商业秘密、植物新品种等的保护均依据特定的法律规范，而地理标志属于知识产权的分类，没有专门立法。为适应我市地理标志资源丰富、保护需求多元化的现实需要，解决实践中地理标志管理混乱、保护主客体差异、与商标权利冲突、保护力度不一等现实问题，调研组利用重庆市地理标志产品调研项目的契机，对重庆市地理标志产品运用与发展状况进行调研，提炼出区县地理标志企业在发展中的共性问题，并提出解决对策，力求对地理标志进行全方位保护。

（三）调研对象

调研对象包括：重庆市地理标志促进会；万州区知识产权局、万州区农业农村委员会（简称"万州区农委"）等相关部门，以及万州区玫瑰香橙协会、罗田大米协会等特色地理标志产品相关行业协会；彭水苗族土家族自治县市场监督管理局（简称"彭水县市场监管局"）、彭水苗族土家族自治县知识产权局（简称"彭水县知识产权局"）等相关部门，以及彭水县小米花生协会、彭水县紫苏协会等特色地理标志产品相关行业协会；广东省地理标志产品协会。

（四）调研方法

1. 实地走访

调研组实地走访了彭水苏麻、郁山镇晶丝苕粉等生产地，在晶丝苕粉负责人的带领下参观了晶丝苕粉的晾晒工艺，以及苕粉的半成品生产车间，其中有用来做螺蛳粉的苕粉，有火锅用的苕粉，还有家常用的苕粉，随后，便与其负责人在会议室进行了面对面访谈，了解了目前晶丝苕粉在发展中所遇到的困难。

2. 座谈会

调研组在2023年7月开始了调研行动，分别与重庆市地理标志促进会、万州区市场监督管理局、彭水县市场监督管理局、重庆市地理标志发展促进会、地理标志权利使用人和使用企业召开座谈会，以了解区县地理标志发展的总体情况。

（五）调研过程

为深入了解重庆市地理标志工作现状与问题，调研组通过到万州区、彭水县等地实地走访、电话访谈、召开座谈会、检索分析等形式，组织展开重庆市地理标志保护情况调研。先后通过与万州区市场监督管理局、彭水县市场监督管理局、重庆市地理标志发展促进会、地理标志权利人和使用企业召开座谈会，实地走访地理标志产品种植基地、部分龙头企业以及地理标志使用企业，深入一线调查了解各区县地理标志发展的总体情况，并获取了第一手调研资料。调研组了解到，作为重庆市的优势知识产权，地理标志总体发展态势较好。地理标志产品不仅数量多、覆盖地域广，而且种类多、产品涵盖多个行业，形成了一定的品牌效应，成为重庆市经济发展中的精品。同时，地理标志推动了生产企业的快速发展，促进了一批外向型企业及地方支柱产业的形成，并显著推动了重庆市优势产业的发展。虽然重庆市地理标志工作取得了长足进步，但是当前工作中仍然存在着地理标志运用效率和效益较低等典型问题，从而阻碍了地理标志工作的高质量开展。

二、重庆市地理标志工作状况与资源分析

（一）工作状况分析

习近平总书记在《全面加强知识产权保护工作 激发创新活力推动构建新发展格局》中强调："提高知识产权保护工作法治化水平，要加强地理标志、商业秘密等领域立法。"[1] 近年来，全市践行高质量发展要求，狠抓地理标志领域改革发展以稳定各项工作，全市地理标志工作取得了一定成效。

1. 地理标志产品多，覆盖地域广

截至2022年年底，全市地理标志商标总量296件，地理标志商标注册量位居全国第七，西部第三。其中，以地理标志为集体商标注册10件，以地理标志为证明商标注册286件；累计认定保护的地理标志产品13个，数量位居西部第二。地理标志专用标志使用企业263家，其中，107件地理标志完成换标工作。同时，全市大力推动农业领域的商标品牌建设，拥有农产品地理标志62个。

2. 地理标志种类多，运用效益凸显

重庆市地理标志种类丰富，主要涵盖柑橘、中药材、茶叶、特色水果、生态畜牧、传统工艺品等类别。截至2022年年底，全市地理标志产品总产值超过480亿元，带动就业650万余人，人均增加年收入近1万元。18个乡镇地理标志产品总产值4.09亿元，带动就业1.48万人，人均增加年收入6400元。江津花椒、涪陵榨菜、丰都牛肉、奉节脐橙、合川桃片、忠州豆腐乳、石柱黄连、大足石雕、巫溪洋芋9件地理标志入选中欧互相认证地理标志清

单。各区县因地制宜、多措并举，重点围绕粮油、肉蛋奶、果蔬、休闲食品、预制菜、火锅食材、中药材等领域，支持种养业、食品及农产品加工业发展，形成了"公司+商标品牌（地理标志）+农户"的产业化经营模式，有效提高了农产品附加值，促进了地理标志产品向产业化、规模化、品牌化发展。

3. 地理标志发展环境持续优化

重庆市加大宣传培训力度，首批聚焦区块链、预制菜等产业建设，集品牌培育、保护、运用、管理和业务咨询服务于一体的商标品牌指导站落地，打造了一批宣传知识产权政策法规的前沿阵地。截至2022年年底，组织地理标志产品参加中华商标品牌商标博览会、"知识产权服务万里行"活动等重大节会活动共7次，同时举办"巫山脆李"短视频大赛、地标优品直播等系列活动，以支持梁平预制菜、重庆小面等地理标志产品强化品牌打造和促进质量提升。在2022年"知识产权宣传周"期间，全市累计开展知识产权宣传活动190余场，举行地理标志保护宣传活动48次、地理标志保护培训41次。

（二）资源分析

1. 重庆国家地理标志农产品区县分布

截至2021年，重庆市有62个地理标志农产品获得农业农村部登记保护（见表1），其中种植业产品总规模517000余公顷，畜牧业产品总规模950万只、10万头，渔业产品总规模达7000公顷。

表1 重庆市地理标志农产品分布

区县	数量（个）	地理标志产品种类
武隆区	7	武隆高山白菜 武隆高山萝卜 武隆高山辣椒 武隆高山甘蓝 武隆猪腰枣 白马蜂蜜 武隆高山马铃薯
城口县	5	城口山地鸡 城口蜂蜜 城口核桃 城口洋芋 城口太白贝母
合川区	5	青草坝萝卜 太和胡萝卜 合川湖皱丝瓜 香龙大头菜 太和黄桃
南川区	4	南川米 南川大树茶 南川金佛玉翠茶 南川鸡
梁平区	3	梁平柚 梁平肉鸭 梁平红羽土鸡
潼南区	3	罗盘山生姜 潼南萝卜 潼南罗盘山猪
巫溪县	3	巫溪洋鱼 巫溪洋芋 巫溪独活

续表

区县	数量（个）	地理标志产品种类
云阳县	3	云阳红橙 故陵椪柑 云阳泥溪黑木耳
江津区	2	江津花椒 江津广柑
秀山土家族苗族自治县	2	秀山金银花 秀山茶叶
璧山区	2	璧山儿菜 大路黄花
渝北区	2	渝北歪嘴李 渝北梨橙
北碚区	2	静观腊梅 石曹上萝卜
垫江县	2	垫江白柚 垫江丹皮
石柱土家族自治县	2	石柱莼菜 石柱辣椒
铜梁区	2	铜梁枳壳 铜梁莲藕
巴南区	2	巴南接龙蜜柚 二圣梨
黔江区	2	黔江猕猴桃 马喇湖贡米
永川区	1	永川莲藕
万州区	1	万州罗田大米
南岸区	1	南山腊梅
彭水苗族土家族自治县	1	彭水苏麻
开州区	1	开县锦橙
涪陵区	1	涪陵青菜头
巫山县	1	巫山脆李

续表

区县	数量（个）	地理标志产品种类
奉节县	1	奉节脐橙
丰都县	1	丰都锦橙

2. 产业分布

根据产品的自然属性、用途、生产加工方式及地域特色，我国地理标志产品分为10类，具体包括：蔬菜瓜果类、粮食油料类、中草药材类、茶叶类、畜禽蛋类、食品饮料类、水产品类、轻工产品类、酒类及其他。调研组通过对重庆市现有的地理标志产品进行归类（见表2）发现：首先，地理标志产品种类分布高度集中，且大部分为初级农产品。其中蔬菜瓜果产品的数量最多，畜禽蛋产品的数量次之，食品饮料类居第三。其次，地理标志产品主要集中在第一产业，包括种植业、畜牧业、水产养殖业等。最后，地理标志产品类别丰富，既有粮食、蔬菜、水果、畜牧、水产、中药材等初级产品，也有茶叶、酒类等农副加工类产品，还有"大足石雕""荣昌夏布"等传统工艺品。

表2 产业分布

产品种类	数量（个）
蔬菜瓜果类	110
畜禽蛋类	40
食品饮料类	24
中草药材类	18
粮食油料类	13
轻工产品类	9
茶叶类	9
水产品类	4

续表

产品种类	数量（个）
酒类	3
其他	14
合计	244

三、调研过程中企业提出的共性问题

（一）地理标志及相关产品的使用缺乏规范

1. 农产品地理标志与地理标志产品的衔接缺乏依据

2008年起，原农业部（现农业农村部）正式启动农产品地理标志等级保护制度，截至目前，地理标志农产品品牌注册登记工作取得了巨大成就，但中国农产品地理标志与地理标志产品的衔接仍然缺乏相关依据。根据2019年修正的《商标法》的规定，由国家市场监督管理总局管理的国家知识产权局商标局专门负责地理标志商标的注册工作。一方面，当前我国对于地理标志产品和农产品地理标志在保护范围上存在着重叠现象，这是由于不同的法律保护框架对同一产品给予了不同的保护方式，因此在地理标志产品的应用和保护方面出现了混乱；另一方面，由于执法、行政等部门之间缺乏协调，阻碍了有效协同合作的形成，因而产生了问题。首先，一些农产品的地理标志申报需要向多个部门提交，程序烦琐；其次，多个部门可能同时监管一个标志，这就可能导致监管部门权限不清，交叉领域重复监管、多头监管，部门之间协商不够，同时可能导致出现监管空白、相互推脱责任等问题，长此以往，会造成农产品质量安全问题长期得不到解决，从而不利于地理标志的长远发展。

2. 农产品地理标志停用之后的管理存在一定难度

以前，中国的地理标志保护由"集体商标"和"证明商标"注册保护制度、"地理标志保护产品"登记保护制度和"农产品地理标志"认证保护体系组成。2018 年，根据国务院机构改革方案，国家知识产权局被纳入国家市场监督管理总局管理，因此从机构上来讲，地理标志的管理部门只有国家市场监督管理总局和农业农村部。[2-3] 农业农村部自 2022 年起不再受理农产品地理标志登记申请，已登记产品继续有效。当前我国地理标志实施双轨制管理：国家知识产权局（国家市场监督管理总局管理）负责地理标志商标、地理标志产品的统一认定与监督管理，农业农村部继续履行已登记农产品地理标志的监管职责。实践中存在部门职责衔接、标准体系融合等现实挑战。在此之前，三个政府主管部门都有自己专门的地理标志，而且经过审批后，符合相关条件的农产品可以获得一系列专属标识。但目前主管部门是市场监督管理总局，这将大大增加农产品品牌管理的难度，因为存在很多由农业农村部审批并通过的地理标志，这会造成消费群体的认知混乱。例如，据彭水县紫苏协会相关人员阐述，之前在农业农村部登记了农产品地理标志，该标志也是公司唯一一个具有可辨识性的标志，在农产品地理标志登记停止以后，其不仅无法自动转回地理标志，而且现在申请农产品地理标志流程很严格，企业申请了很多次地理标志商标都没有通过，原因在于申请主体没有对种植紫苏的海拔、气候、土质等历史原因进行说明。通过现实事例，我们不难发现在农产品地理标志停用之后，地理标志在统一管理上存在一定困难。

3. 地理标志溯源体系尚未完全建成

在重庆市农产品的发展过程中，地理标志认证为地域特色农产品的高质量发展提供了保障。但不得不承认的是，重庆市多数区县的地理标志意识、生产者意识和消费者意识还很薄弱，在实施地理标志保护的过程中，农产品企业同样面临着"不知所措"的窘境。例如，重庆市万州区的山胡椒在外地销售过程中，被认为是山胡椒地理标志产品与普通山胡椒产品没有区别，从而导致地理标志价值没有体现出来。

（二）地理标志农产品品牌培育过程中"重注册申请、轻推广应用"

目前，有些区县缺乏系统的农产品及食品加工商标品牌规划，商标品牌激励政策中"只管申请、不管使用，只讲数量、不讲质量"的情况普遍存在，主要原因如下：首先，在政府层面，由于重庆市政府关于地理标志农产品品牌发展的工作侧重于产品的登记和保护，因而忽略了规划品牌的发展路径以及提供政策支持。对于已经登记的地理标志农产品品牌，要进一步推广应用离不开人力、资金等方面的资源，但地方机构的鼓励不足又进一步打击了企业使用地理标志农产品品牌的积极性，认为其无益于增加产品附加值。其次，在社会层面，地理标志农产品的发展普遍离不开龙头企业、行业协会发挥带动作用。[4] 现实是，尽管是龙头企业，但其对地理标志、品牌的认识也存在不足，特别是地理标志作为一种集体权利，并非自家企业所独自享有，从而导致企业难以对地理标志的品牌投入以及宣传推广注入热情。最后，在企业层面，因为有些企业将商标品牌简单理解为产品名称，碍于品牌推广的经济成本过高而不愿投入，导致地理标志农产品"藏在深山无人问"，品牌培育见效较慢。甚至有企业为防止商标被抢注，大量随意地进行商标注册申请，但随着时间的流逝，有的已注册商标缺少产品支撑，导致商标闲置和品牌流失。比如在本次调研中，彭水县就存在地理标志使用程度低、商标作用发挥不明显的问题。彭水县全县的地理标志数量虽然在全市位居前列，但是在质量和效益上的表现较差。地理标志证明商标总量暂居全市前列，但有良好市场效应的只有五六家，即只有彭水县的晶丝苕粉、紫苏油、小米花生、猕猴桃等产品真正实现了产业的规模化。再如万州区，其万州蜂蜜的地理标志自申请下来就几乎没有进行过运营。

（三）地理标志带动产业创新发展制度存在不足

1. 地理标志产业缺乏科学的产业规划与布局

由于我国《商标法》起步较晚，因此现行制度是借鉴其他国家的经验，将外国制度与中国的法律制度相结合，并结合当地的实际情况和背景而制定的。该制度没有采用统一的地理标志管理和保护制度。同时，初期该领域的立法技术和经验不足，各部门法律在细节上没有得到充分的协调和整合，因此在一定程度上导致实践中不断出现新的问题。

目前，重庆市地理标志商标产品总产值约为500亿元，与四川省的5000亿元相差一个数量级，其中仅四川五粮液年产值已达600亿元，超过了重庆市地理标志产品产值的总和。近年来全国各地出现的爆款地理标志产品，如"柳州螺蛳粉""安徽臭鳜鱼""浙江仙居杨梅""库尔勒香梨""阳澄湖大闸蟹""阳光玫瑰葡萄"等，均已形成"种养—收储—加工—包装—营销—推广"一体化的产业链，大幅增加了地理标志产品的附加值，这为重庆市发展相关产业提供了借鉴经验。以梁平区预制菜产业为例，目前"中国（西部）预制菜之都"的区域品牌已形成规模效应，但消费者可选择的市场产品还不充足，除原有的"张鸭子""奇爽""梁平柚"等少数品牌外，新的爆款地理标志产品尚未出现，这就需要在策划和培育预制菜产业链细分品牌上继续下功夫。有的区县缺乏系统的农产品及食品加工商标品牌规划，"只管申请、不管使用，只讲数量、不讲质量"的情况普遍存在。

因此，重庆市部分地理标志的产业情况不尽如人意，产业规模增长幅度不大，且缺乏科学的规划与布局，产品附加值仍有较大提升空间，主要体现在：其一，资源浪费与碎片化。由于缺乏科学的产业规划与布局，重庆市地理标志产业及其利益相关者多采取独立行动，导致生产者过多、重复生产、加工环节冗余等，从而降低了产业整体的效益，并最终导致资源的浪费和碎片化。其二，市场竞争混乱。由于缺乏正确科学的引导和战略，部分市场出现竞争的混乱。不同的生产者和企业可能在相同市场领域内竞争，导致价格战和产品同质化，从而降低了地理标志产品的附加值。其三，产品质量和标准问题。地理标志产业需要明确的产品质量标准和规范。由于地理标志产业规划和布局尚处于缺乏状态，存在质量标准不统一、监管不力和侵权等现象，因而对地理标志的声誉和信誉造成了损害。其四，地理标志产业的可持续性。地理标志产业的可持续性需要长期规划，包括资源管理、环境保护和社会责任。如果没有这方面的规划，可能会导致资源过度开采和环境破坏，从而影响产业的可持续发展。而且缺乏规划与布局也可能会使地理标志产品的市场份额受限。这是因为产品没有针对性地进入特定市场领域，或者没有制定适应不同市场需求的策略。

2. 产业化发展缺乏龙头企业带动与产业融合

当前，重庆市推进农业供给侧结构性改革，大力发展农产品及食品加工产业，促进巩固脱贫攻坚成果和乡村振兴的有效衔接，推进主导产业集群发展，注重质量标准和商标品牌建设，以发挥商标品牌集聚各类资源和创新要素的能力、扩大市场的影响力和提高国际竞争力的作用，并鼓励和支持重点区县打造"土特产"地理标志商标品牌。各区县因地制宜、多措并举，重点围绕粮油、肉蛋奶、果蔬、休闲食品、预制菜、火锅食材、中药材等领域，支持种养业、食品及农产品加工业发展，形成了"公司+商标品牌（地理标志）+农户"的产业化经营模式，在一定程度上促进了这些领域向产业化、规模化、品牌化发展。尽管地理标志产业的发展在许多地方都取得了显著的成就，但仍面临缺乏龙头企业带动和产业融合的问题。

地理标志产业的稳定发展与壮大势必需要有一家或多家强大的龙头企业作为支撑，通过其辐射带动作用，在市场上引领潮流，推动产业的发展[4]。而从当下来看，重庆市的龙头企业带动效应并不理想。龙头企业通常会在技术研发和创新方面投入大量资源并且具备强大的推广能力，这有助于提高产品质量和竞争力，同时能够将地理标志产品推广至更广泛的市场中。目前，重庆市部分地理标志产业陷入技术滞后状态，产品的知名度受限，产品销售面临挑战，整个产业增长乏力，这主要是因为缺乏龙头企业带动。此外，重庆市地理标志产业也面临着产业融合的问题。目前，重庆市地理标志产业涉及多个环节，包括生产、加工、销售等，部分环节之间缺乏有效的融合和协同合作，导致了效率低下和资源浪费。而且部分生产者和加工商可能难以获得关于市场需求和质量标准的信息，从而造成信息不流通，同时政策和管理的不协调也带来了一定的不确定性等，在一定程度上制约了地理标志产业融合发展。

（四）地理标志服务的专业人才和专业机构短缺

1. 缺少专业的服务人才

目前更多是由非专业人员代替从事或者兼任地理标志服务工作，这就导致地理标志产品生产经营服务难以得到专业人才的支持。比如，龙驹镇经济发展办公室负责人认为当地缺少专业人才从事地理标志申报工作，导致申报过关率不够高；又如，万州区老土鸡负责人认为营销人才短缺导致其产品的名声总是打不出去，销售增幅有限；再如万州山胡椒品牌负责人提出，由于缺少专业地理标志服务人才，其产品即使被侵权，企业也不愿意去维权。而在人才的培养上，不仅缺少专业、专门的培养机制，还缺少专业人才进入通道。专业服务人才是地理标志产业发展的关键和支撑，而地理标志产品的开发与管理工作要求服务人才具有多方面的知识储备，不仅需要法律知识、知识产权管理知识等，还需要农业管理知识、品牌运营知识、农业生产技术知识等，也就是复合型人才，但是调研普遍发现目前这一类人才依然最为紧缺。

2. 缺少专业的服务机构

地理标志产品缺少长效、稳定的专业运营推广机构支持，因而导致目前地理标志农产品使用效率大幅度下降，甚至出现仅仅为了获得申报补贴而申报的情况，造成了地理标志产品的浪费。在调研的过程中，山胡椒协会负责人指出，由于缺乏专业营销支持，特色山胡椒产品只能打开万州本地销路，外地认同度较低。彭水市场监管局负责人也提到，目前地理标志推介方式比较单一和滞后，缺少专业运营、营销团队的支持，导致地理标志产品的附加值难以体现，农户种植的积极性不高。因缺乏专业机构的支持，以及作物疑难病症，彭水猕猴桃的品牌效应大幅下降。同时，部分地理标志生产厂商缺乏规范化的生产指导，更多采用传统小农模式来组织生产，导致上市产品的质量参差不齐，从而严重损害了地理标志品牌的声誉。另外，缺乏法律专业服务机构支持可能造成地理标志产品的法律保护脆弱，合法权益很难得到有效维护，容易产生地理产品侵权成本低、维权成本高的问题。

四、拟解决问题的举措

（一）规范地理标志及相关产品的使用

1. 建立共保机制

通过多方协作，建立一套完整的保护和推广机制，推动地理标志产品的标准化、规模化生产和市场化运营，最终实现产业化发展。具体而言，重庆市知识产权局可以联合各区的市场监管局、协会和企业，共同建立地理标志品牌标准体系，完善从原产地到销售终端的协调机制以及地理标志产品供应链生态，以此推动重庆市地理标志产品的产业化发展。

2. 健全完善认定制度，尽快明确相关政策

加快地理标志授权体系框架建设，明确农产品地理标志的定位和发展路径，确保现有农产品地理标志的平稳过渡。立足农产品地理标志在地理标志体系中的主体地位，注重发挥行业主管部门的优势，并与农村产业高质量发展相结合，充分保障广大中小农户的地理标志使用权益，以促进农民增收和农村振兴。由农业农村部门建立统一的地理标志农产品目录，并向社会权威部门公布，使监管更加精准、消费目录有据可查。

3. 建立统一溯源系统

国家有关部门应该构建地理标志产品统一追溯体系，一码一主体，为地理标志产品提供统一的"标识"认证，利用区块链等技术提供可靠的防伪认证和全流程数字追溯服务，为地理标志产品提供"标识+标识"，实行双重保护。这样一来，整个过程便具有了充分的可追溯性。另外，相关部门还须完善地理标志的获取体系，建立严格的地理标志使用和退出机制。

（二）打造优质地理标志农产品品牌，扩大品牌市场影响力

一方面，建立健全品牌培育标准体系。《地理标志运用促进工程实施方案》中明确提到"充分运用标准化手段支撑地理标志产业发展"。通过构建一系列的科学标准为促进地理标志的保护、运用、管理和服务指明方向，结合实际情况，着力推动区域品牌标准化建设，实现从地理标志农产品到品牌化的飞跃。在此过程中还应注意有限资源配置的最优化，对于具有明显市场差异性特征的地理标志农产品可以加大资源投入，挖掘其所在区域的优势因素，将其打造为优质品牌，实现品牌溢价；对于同质化严重的地理标志农产品则应该视情况或撤销其地理标志的注册以避免资源浪费，或酌情投

入资源来提升竞争力，以待观察其后期是否有塑造成为优质品牌的发展潜力。

另一方面，重视龙头企业以及行业协会的示范带动作用，提升品牌影响力和产品附加值。一是按照"扶优、扶大、扶强"的原则，加强培育一批龙头企业，利用其品牌、技术以及资金等优势推动地理标志产品的产业集群化及产业转型升级，以提高区域内企业的整体竞争力，树立良好的区域品牌形象。二是采用线上线下联动的宣传方式，增强企业以及社会公众的品牌意识。线上以电视、微信公众号、微博、短视频等媒体平台为主，让大众了解农产品的基本知识；线下则可以通过举办展销会等类似的活动，依托节事交流让地理标志农产品走进社会公众的视野，例如，可以依托观音桥、解放碑等热门商圈场景开展地理标志农产品巡展。值得注意的是，无论是线上宣传还是线下宣传都需要充分挖掘地理标志产品中所蕴含的地域属性、历史文化，以文化引领品牌发展，以"借地、借人、借事、借典、借情"的方式打造鲜明的地域IP，从而提升品牌影响力和产品附加值。最终为实现企业对地理标志的思想与态度的转变注入活力——从远远观望到愿意主动参与，从而成功塑造一大批远近闻名、高溢价的企业品牌和区域品牌。

（三）完善地理标志带动产业创新发展制度

地理标志制度在重庆市经济发展中发挥着越来越重要的作用，其不仅有助于产品的市场推广，还可以促进产业创新和发展。

要完善地理标志带动产业创新发展制度，首先，政府需要完善权益保护制度，确保地理标志注册程序的简化、透明和廉价，以鼓励更多的产业参与者积极申请地理标志。同时，建立严格的权益保护机制，以防止侵权行为，并为权益持有者提供法律手段来维护其权益。其次，完善执法机构在地理标志方面的制度，提升执法机构的能力，确保有效打击侵犯地理标志的行为，完善纠纷解决机制，以便快速解决与地理标志有关的争议，减少法律纠纷的金钱与时间成本。再次，健全合作与共享制度是推动产业创新的关键因素，因此应当大力鼓励地理标志权益持有者与地方社区、农民、生产者和其他利益相关者合作，共同制定标准和推广地理标志产品，同时搭建平台，让不同地理标志产品的生产者共享生产技术和知识，以提高产品质量和效率。最后，完善地理标志支持与援助制度。大力支持鼓励龙头企业带头发展，促进产业融合，加大技术创新力度。对此，政府应当提供资金支持，帮助地理标志产业组织采用新的技术和创新方法以提高生产运营效率，并鼓励研究和开发机构与地理标志产业合作，共同开发新的生产方法和产品。

（四）扩大地理标志专业人才培养规模，构建沟通合作机制

1. 扩大地理标志专业人才培养规模

通过与高校、专业技能培训机构、相关专业机构加强沟通，建立专业人才培养和激励机制，扩大专业人才规模。由知识产权主管部门、人力资源和社会保障局牵头，地理标志经营者共同参与，加强专业人才的沟通和交流，建立专业人才升级培养体系，提升人才培养质量。持续探索专家库建设，加强对地理标志产业发展、经营策略升级、生产技术升级等领域的悉心指导以及专业支持。

2. 构建沟通合作机制

在农业技术部门、农业技术专家与地理标志经营者之间构建沟通合作机制，在生产和技术层面加强培训和指导强度，从而提升并维持地理标志产品的品质。由地方政府及相关地理标志管理部门牵头，地理标志行业协会具体执行，直接对接专业的品牌运营机构和地理标志生产经营者，以直接参与或者运营指导的方式，提升地理标志品牌运营效果。同时，构建地理标志经营者与专业法律机构沟通的桥梁，以全程解决地理标志生产经营者的法律问题。

五、结语

作为知识产权的重要类型，地理标志是保护和传承中华优秀传统文化的鲜活载体，也是贯彻党的二十大全面推进乡村振兴精神的重要内容。重庆市可依托促进高质量发展、实现共同富裕的政策指引，大力推进建设地理标志特色工程，加强对地理标志的保护。本次调研以期为重庆市地理标志的运用与保护略尽绵薄之力，助力乡村振兴。

参考文献

[1] 习近平. 全面加强知识产权保护工作 激发创新活力推动构建新发展格局 [J/OL]. https://m.gmw.cn/baijia/2021-01/31/34586961.html, 2021-01-31.

[2] 姜琳. 论地理标志的保护模式及中国的制度选择 [J]. 学术交流, 2012 (3): 51-54.

[3] 万元丽. 万州地理标志农产品产业发展研究 [D]. 重庆: 重庆三峡学院, 2018.

[4] 韩玉玲, 姚瑶, 施宇恬等. 我国地理标志农产品研究现状与展望 [J]. 江苏农业科学, 2022, 50 (15): 232-239.

适用地理标志制度保护地方小吃的法律路径研究

——以淄博烧烤为例*

摘　要：本项目以淄博烧烤走红为背景，围绕小吃类地理标志产品注册困境以及淄博烧烤地理标志化进程及推广中存在的问题展开。通过对山东淄博的实地考察，探究淄博烧烤的独特性以及商标应用的必要性，本项目得出地理标志应用及法律保护上的可行性，通过健全多主体、多角度、全方位的保护机制，促进淄博烧烤的可持续性发展；同时总结相关经验，将可行路径推广和应用到其他地域，推动小吃类地理标志产品的发展，从而促进乡村振兴。

关键词：地理标志　淄博烧烤　小吃类产品

一、引言

淄博烧烤走红之后，"如何实现淄博烧烤可持续性发展"成为社会公众、专家学者和政府关注并讨论的问题。淄博烧烤在吸引流量的同时，也引发了许多问题。诸如"淄博烧烤被抢注商标""进淄赶'烤'被抢注商标""淄博

---

* 许明雅、顾俞佳、刘亦欢、严舒彤、汤舒雅、高菲，华东政法大学知识产权学院2022级本科生。

八大局商标被多方抢注"等商标抢注现象多次发生。

本团队依靠专业优势,从探究小吃类产品能否适用地理标志保护制度角度入手,经过文献研究与实地调研,结合学界存在的争议,针对现行法律制度上存在的问题以及实证研究中发现的不足,提出本团队的建议与措施,希望能够对淄博烧烤实现可持续性发展提供建议,并能够将可复制性经验推广到其他地域,推动对小吃类产品的整体保护,实现乡村振兴。

二、小吃类产品地理标志学说争议

尽管前有潼关肉夹馍、桂林米粉、长沙臭豆腐等小吃类地理标志产品的注册,但是学界中对于小吃类产品是否符合地理标志产品的构成要件仍存在争议,同时其能否受到地理标志模式的保护也被广泛讨论。对此,本团队将针对相关学说进行分析。

(一)小吃类产品地理标志可行性争议

1. 肯定意见说

小吃类产品又称"地名小吃类产品",对于小吃类产品的保护是否适用地理标志制度,首先应该明确二者的定义。关于地名小吃类产品,我国法律法规并没有作出明确阐释,但总体来说地名小吃是指带有地方或民族特点的、传统的非常规小食品的总称。而关于地理标志,我国《商标法》明确规定,地理标志所标识的产品的质量、信誉或其他特征主要由该地区的自然因素或人文因素决定。持肯定意见说的学者,分别从以下两个角度展开论证。

(1)正面论证地名小吃类产品地理标志的可行性

首先,地名小吃类产品与地理标志产品的法定要求相似。地理标志制度关涉一定的"特产",而地名小吃类产品恰好符合"地名+特产"的概念内涵及地理标志保护客体的法定内在要求。有学者认为,我国《商标法》中对于地理标志保护制度的定义强调产品与地理因素之间的关联性,而地名小吃类产品难以自证其存在鲜明的地域关联性,并以此作为否认地名小吃类产品适用地理标志制度的一大论据。应当注意,究竟以地域因素中的自然因素还是人文因素为主导,我国《商标法》中的表述为"自然因素或人文因素",这与《里斯本协定》中"地理环境,包括自然因素和人文因素"和《与贸易有关的知识产权协议》中"地理原产地"的表述不同。后两者都是将人文因素视作自然因素之上的附加物,而我国《商标法》则是将人文因素视作独立因素,使得某些地理标志产品能够脱离当地传播,从而为地名小吃类产品适用地理标志制度提供了力证。

其次,地名小吃类产品与地理标志产品的法律属性一致。地理标志作为知识产权的独立客体之一,是合法垄断区域的共有财产。地名小吃类产品与地理标志产品相同,其优良品质、知名度和声誉既是我们的祖先世世代代创造、积累的结果,也是祖先和当代人智慧的结晶。[1] 两者都是一种集体财产,具有公共属性。

再次,地名小吃类产品保护与地理标志保护在文化意义上的价值趋同。尽管目前保护地理标志的文化意义尚未引起全社会广泛关注,但不可否认其发挥着保护民族文化的作用,地理标志产品的特殊品质通常与产地的人文因素有关,保护地理标志,宣传和推销地理标志产品,实际上就是在推销产地优秀的历史和文化。[1] 在地名小吃类产品的保护中,地域性特色、特色背后的文化底蕴是这一工作的关键所在,而这也与地理标志保护制度的立法价值如出一辙,符合地理标志的保护客体要求。

最后,适用地理标志制度保护地名小吃类产品能将积极影响最大化。地名小吃类产品保护与地理标志制度的内核高度契合,两者的结合不仅能够保护消费者的权益及生产者的利益,还能推动相关产业链的完善与进步,激发市场潜力，带动地域的经济发展。其具体表现为，第一，地理标志保护制度设立的目的之一是保护生产者及消费者的权利，消费者将地理标志产品与竞争性产品相区分，生产者群体就其所共同建立的声誉获得保护并从中受益。[2]第二，地理标志所标示的产品一般与特定的地理区域、特殊的自然条件和工艺条件有关，因此其产品品质具有某种独特性，在同类产品中形成了绝对优势，这种绝对优势在通过证明商标品牌得以体现后，就可能形成市场上的经济效益。[3] 第三，地理标志本身具有较高的品牌效益，当其声誉及品质获得大众的认可后，能够反过来促进小吃产业链的规模化发展，进而提高其品牌价值。将二者结合能够有效摆脱当下小吃行业的发展困境，利用地理标志品牌所带来的经济效益形成产业规模化经营模式，可以充分激发小吃行业的市场活力。[4]

（2）反面论证地名小吃类产品地理标志的可行性

除了地理标志保护制度，我国对于地名小吃类产品的保护还存在非物质文化遗产、商标、商号三种路径，而这三种路径相比地理标志保护制度都存在一定的局限性。

首先，以非物质文化遗产的方式保护地名小吃类产品存在局限性。其只重视对传统技艺的保护，相较于其他方面，如经济价值、市场秩序和权利救济，非物质文化遗产保护路径无法充分发挥作用。

其次，以商号方式进行保护主要有三大局限性。第一，商号又称企业名称，是指企业从事生产或经营活动时，用以区别于其他企业而被社会所识别的标志。反观我国小吃行业，小吃类产品的经营者大多单打独斗、薄利多销，松散、个体户的特点较为突出，这与商号保护路径所需要的规模化、标准化的起点存在一定差距。第二，商号与商铺的联系大于其与商品的联系，容易使消费者在认知上产生偏差，无法最大限度地起到标识、证明的效果。第三，地名小吃类产品的公共属性鲜明，而商号带有明显的私人财产属性，私人占有公共财产显然不合理。同时，商号的私人属性也可能导致该地域范围内相关传统技艺的生产经营者盲目申办商号，从而加剧恶性竞争，不利于形成地名小吃类产品品质、质量的统一标准以及地域文化特色的实施和发扬。[5]

最后，以商标方式对地名小吃类产品进行保护同样存在局限性。一方面，地名小吃类产品主要有两个种类，一是经过传统制作、加工、包装后可以转运的速食产品，二是一些现做即食的产品。速食产品品牌由于主要向外输出，尚可以通过商标进行保护；而现做即食型产品由于传播范围小，如果不进行规模化生产，那么就并不适用商标保护模式。另外，商标保护方式与地名小吃类产品保护期望达成的目标的侧重点存在偏差。商标的作用在于使消费者识别商户提供者，其注重商品和服务在流转过程中的可识别性而不必然对地名小吃类产品的传统生产工艺、历史文化底蕴和最佳品质保障进行保护[5]，因此无法最大限度地保护小吃类产品所最应保护的地域特色与文化底蕴。

2. 否定意见说

与肯定意见相对，学界对地名小吃类产品能否作为地理标志进行保护也存在否定意见，主要基于以下三点原因。

（1）地名小吃类产品人文因素的主导性

地名小吃类产品人文因素的主导性，即关联性要素主要是生产制作技艺。国家知识产权局所公布的技术要求中载明了农产品初加工产品作为地理标志保护客体所要求的客观关联性，即自然因素或人文因素。地理标志保护模式本身对产品的地缘性有更高的要求。多数地名小吃的产品特色主要取决于独特的生产制作工艺等"人文因素"，而非地理标志中强调的与产地地缘特色紧密相关的"自然因素"，因此与我国地理标志保护模式存在关联性要素的些许出入。

（2）商标私权与社会资源公权的冲突

地方小吃名称或本身为商品通用名称，或渐成商品通用名称，这会导致商标私权与社会资源的公权出现冲突。地方小吃虽发源于特定地方，最初特指某种由地方特定原料、制作方法生产而成的食品，但由于其生产门槛相对较低，因此多由小摊小贩生产经营，属于当地公共资源。在现代交通条件下，进一步向外地甚至全国扩散，并渐渐淡化为泛指一类有某地方风味的商品通用名称，成为更大地区甚至全国范围的公共资源，即成为国家知识产权局《地理标志保护中的通用名称判定指南（征求意见稿）》中所说的"虽与某产品最初生产或销售的地点、地区或国家相关，但在我国已成为产品常用的名称。该名称在我国用以指代特定生产方法、特定规格、特定质量、特定类型或特定类别的产品"。在此情况下，当法定权利与客观事实存在分歧时，除了法律本身的合理性会被质疑，现实各方利益也会受损：外地商家被剥夺了生产经营权利，本地商家被剥夺了到外地生产经营、扩大规模的权利，广大消费者更是要承担额外成本才能品尝到正宗的地方小吃。[6]

（3）地理标志商标运用实践与理论的出入

地名小吃商家在实际经营中，不必然受地理因素所限。即便其对原料有特定产地和特定品质的要求，在当下便捷的物流条件下，也可打破壁垒将原材料从原有地理范围运输到其他地域，保证真材实料；其生产工具、工艺和制作方法也可以被复制到其他地域。另外，现存小吃类产品示例也呈现缺乏量化指标、实际并不特殊的特点，尽管其制作方法有特色，却不影响这种方法在外地的运用。地理标志首要保护的是传统小吃的产品。小吃不是天然物，而是手艺人按照工序做出来的食品，包括即食产品以及加工保存的食品。加工食品已经被收录至地理标志产品分类，如山西省太谷饼已经成功注册地理标志保护产品、地理标志证明商标；而即食产品强调的是手工艺的规范，在这种情况下地理标志专用标志的使用将面临创新需求，对此需要慎重研究。[7]地名小吃突破地域限制的特点不受地理标志的地域限制，即使承认地方小吃符合地理标志制度的内涵，在现实中也难以用地理标志的保护框架对其进行保护。

3. 折中意见说

根据对地理标志定义中"自然因素或人文因素"内涵的解读，形成了更为完整的折中意见说。折中意见说认为，地名小吃类产品与地理标志保护客体存在相同之处，适用地理标志制度进行保护存在一定的可行性。但现实中确实存在一些问题，若能在地名小吃类产品申请地理标志的过程中证明与解决这些现实问题，则地理标志保护路径就可成为保护地名小吃类产品的最优方式。

我国《商标法》规定，地理标志所表示的产品的质量、信誉或其他特征主要由该地区的自然因素或人文因素决定。肯定意见说认为，将"或"解读为"人文因素可视为独立因素"，这异于国际上《里斯本协定》与《与贸易有关的知识产权协议》支持的"不可单独依其认定"。这样的理解使得某些地理标志产品的决定因素能够脱离土地随着人群的移动性而漂移，从而为以人文因素主导的地名小吃类产品适用地理标志保护背书。而否定意见说则站在不能将摒除地缘内涵的人文因素单独作为地理标志的认定标准的立场上，认为多数地名小吃类产品的特色主源于独特的生产制作工艺所体现出的"人文因素"，这与我国地理标志保护模式存在些许关联性要素上的出入。实际上，即使是肯定意见说中所强调的可以独立于自然因素的人文因素，如专属的生产制作技艺、独特的历史文化底蕴，在被提及时仍然会被贴上区域、地域的标签，本质上仍然具有浓厚的地域色彩。因而无论是认为地名小吃类产品与地理标志保护可以割裂还是绝对否定地理标志保护的可行性都失之偏颇，由此促成了折中意见说的出现。

折中意见说认为，地名小吃类产品适用地理标志制度进行保护存在一定可行性。从正面来说，首先，地名小吃类产品与地理标志产品的法定要求相似，其"地名+特产"的概念内涵符合地理标志保护客体的要求；其次，地名小吃类产品与地理标志产品兼具公共属性且立法价值趋同，采用地理标志进行保护能更好地维护小吃的地域性特色与文化底蕴，防止其与市场上同类普通产品混淆而被淡化为泛指一类有某地方风味的通用商品名称；最后，适用地理标志保护制度保护地名小吃类产品能将积极影响最大化，充分激发小吃行业的市场活力。从反面来说，相比非物质文化遗产、商标、商号这三种我国存在的可适用于地名小吃类产品保护的路径，地理标志保护路径的局限性不明显且优势较为突出，适配度更高。综合以上正反面论证，可见折中意见说所支持的"地名小吃类产品适用地理标志制度进行保护存在一定可行性"是较为合理的。

由前述可见，折中意见说集肯定说之态度与否定说之立场于一体，即综合肯定说对地名小吃类产品运用地理标志保护可行性问题的肯定态度，以及否定说反面拓展"地理因素或人文因素"的理解范围，表明人文因素也是植根于地缘特质、二者实不分离的立场。折中说在博采众长的同时也要引以为戒：一方面，为避免地名小吃类产品与普通商品混淆，沦为地方风味商品的统称，应当充分利用地理标志制度进行路径保护。另一方面，要处理好商标私权和社会资源公权的利益关系，在保护源头正宗以及实施合理地域限制的前提下，适当控制外来食客、商客所带来的增长成本；详细规定具体的衡量及准入标准，为地方小吃产业从原料的选择、生产制作、保存再到销售食用方面提供完整的全链条规范。正因地名小吃的特别之处主要在于强调手工艺的规范，所以地理标志专用标志的使用将会在以产品为保护客体的现状下有所突破，或法律解释有望将产品和工艺的关系也理解为前文所赞成的地理人文因素间的关系。另外，地理标志保护模式并不与非物质文化遗产保护等传统保护模式相冲突，因此，可以提倡以多种方式联合共促地名小吃的保护。

综上所述，折中意见所支持的"地名小吃类使用地理标志制度进行保护存在一定可行性"兼具理论支撑和实操可能，以上述缘由与建议措施为鉴，地理标志制度有望成为地名小吃保护路径的不二之选。

（二）小吃类产品注册商标种类学说争议

小吃类产品种类繁多，发展情况与优势亦不尽相同，因此对于小吃类产品究竟更适用地理标志集体商标还是地理标志证明商标，学界目前尚无定论。本团队认为小吃类产品申请地理标志证明商标更有利于其良性发展，具体理由如下。

1. 证明商标的主体要求更高

集体商标的注册人是工商业团体、行业协会等具有团体性、集体性的组织，在申请主体方面更加强调"集体"的概念，自然人或者单一的法人均无权申请集体商标。而证明商标的注册人除了需要是组织而非自然人或单一的法人之外，还要满足"对某种商品或者服务具有监管能力"的条件。根据《集体商标、证明商标注册和管理规定》第4条的规定，申请证明商标注册的，应当附送主体资格证明文件、使用管理规则和证明其具有的或者其委托机构具有的专业技术人员、专业检测设备等情况的证明材料，以表明其具有监督保障该证明商标所证明的特定商品品质的能力。相比集体商标，证明商标更重视申请主体对于某种商品或者服务的监管能力。由此，若要对小吃类产品进行监管，将其注册为证明商标将更能保证监管力度。[8]

2. 证明商标的使用主体更具规范性

证明商标和集体商标还有一大不同之处就是使用主体的不同，集体商标是供组织成员在商事活动中使用的商标，用于证明其成员身份；证明商标是由组织以外的单位或者个人使用的商标，用于证明产品或者服务的特定品质。前者允许注册者自己使用，而后者不允许注册人使用，即"不能自己证明自己"。由此，集体商标的使用方法让注册主体难免有"既当裁判员又当选手"的嫌疑，这不利于产品的可持续发展。而证明商标的注册主体，作为"监督者",将更能全身心地投入对产品的监管当中。

3. 证明商标的注册效果更好

集体商标的作用是证明使用该集体商标的成员的特殊身份,其注重识别商品的特定品质与产地的地理人文之关联,这是为了将分散的商家通过共同的利益关联起来,即将利益一致的商标持有者与商标使用者联系起来,形成利益共同体,基于此,集体商标的使用主体具有"封闭式"的特点。而与强调地域性和集体性的集体商标不同,注册证明商标的主要目的是证明某种产品或者服务具有某种特定品质。换言之,证明商标的突出功能是产品来源识别和产品品质保障。证明商标通过严格的品质把控与流程监督,达到保证产品来源或者产品符合特定品质的目的。由此可见,对小吃类产品来说,注册证明商标相较于集体商标效果更佳。

三、山东淄博实地调研记录

2023年6月26日至7月2日,团队成员从上海来到山东淄博进行实地调研,以求更真实、更深入地了解淄博目前的发展现状,以及淄博烧烤的商标注册情况。

(一)淄博烧烤体验地——海月龙宫

6月27日一早,团队成员便出发前往淄博烧烤体验地——海月龙宫,对体验地负责人进行采访(见图1)。

适用地理标志制度保护地方小吃的法律路径研究

图1　团队成员与海月龙宫负责人合影

采访中，我们了解到，海月龙宫项目是在淄博市政府、张店区政府指导下，市公安、消防、市场监管等各部门协调下，由海悦集团出资建立并运营的新项目，其在前期也与文旅局有合作。入驻商家非常多，大批游客慕名前来。在招募商家方面，海月龙宫非常谨慎，表示想要入驻"海月龙宫"，商家须提供他们的资质证明，还需有正在经营的实体店，且经营年限满三年、在经营期间既没有发生过食品安全责任事故，也没有受到相关食品安全责任处罚的，这才满足"入门"要求。后续，这些店铺还将根据各自的口碑参与海选，最终符合条件的才能入选。如此谨慎严格的筛选，不仅是为了保障游客的体验感与满意度，更是出于淄博当地的声誉考虑。

（二）小饼生产厂家

第二站，团队成员来到了山东百食佳食品科技有限公司。该公司自淄博烧烤走红以来便开始生产小饼，通过采访相关负责人，我们对淄博烧烤的食品生产链有了更深入的了解。

小饼生产厂设施完善、设备齐全、消毒措施到位，我们近距离观察了小饼的生产过程。通过对联络人的采访（见图 2），我们了解到，自从淄博烧烤走红之后，当地有大量小饼工厂涌现。生产的原料大都来自本地，购买的商家也都是当地的，但也有小部分小饼销售到外地。有时，小饼生产者也会通过商家了解到消费者对小饼口感的改进意见，并以此修改原料的配比，从而满足消费者的需求。

图 2　团队成员与小饼生产厂家联络人合影

（三）赵一家烧烤总店

6 月 30 日，经当地人推荐，团队成员慕名走访了当地烧烤名店——赵一家烧烤，创始人热情地接待了我们（见图 3）。

创始人向我们介绍了她的经营理念，她认为能支撑烧烤店走下去的不是一时的热度，而是认真用心的态度。目前，赵一家烧烤的扩张是依靠加盟的形式，加盟店的原料、食材都是经过严格把控的；使用的设备也都是国家认证的，投资成本较高，也因此并非所有加盟店都能坚持下来。虽外省市也有四五家加盟店，但由于淄博烧烤的吃法较为独特，并非为大众所广泛接受，因此主要经营活动仍局限于山东省内。在供应链的问题上，她表示，所有食材都由总店统一购买、整理、配送，目的是把控好食材这一关。

图3　团队成员与赵一家创始人合影

（四）淄博市烧烤协会

在调研的最后一天，为了进一步了解淄博烧烤商标注册情况，我们拜访了淄博市烧烤协会副会长（见图4）。

经过副会长的介绍，我们了解到，目前烧烤协会尚处在一个较为初级的阶段，是一个依托广电资源建立的、相对松散的、自发的社会组织。协会的主要任务是上传下达，扮演好政府与商家之间的桥梁角色。比如在会员吸纳上，实际上主要依靠各个商务局发动和审核，而烧烤协会自身并没有强制行政管理的功能。淄博烧烤走红之后，淄博市新增烧烤店多达上千家，但并非所有商家都有资格加入烧烤协会，协会通常会从经营时间、口碑、卫生许可等角度多方位对商户进行综合考量，合格后给予准入资格。

图 4　团队成员与淄博市烧烤协会副会长合影

当问及有关入会会费的问题时，副会长表示，他们并不强制收取会费，协会的目的也不在于营利，收取会费的目的是想让会员知道如果交纳会费，那么协会也会为他们提供相应的服务，比如后续会给协会会员发放类似于身份认证的铜牌（见图5），上面有编号和防伪的二维码，一方面顾客扫一下就能知道这个店是不是在协会名下，另一方面起到一个隐性管理的作用，商家也会更加珍惜与重视。

图 5　铜牌雏形

在能够给商家提供的服务方面，第一，由于协会是依托于广电资源建立起来的，所以他们能提供的优势服务就是宣传；第二，在与其他厂家或者公司的合作上，以协会+公司的模式让会员享受到一定的质量保障或者价格优惠；第三，如果后续有外地的商家来商谈关于加盟或连锁合作问题的，协会也会优先从会员店中挑选合适的；第四，当商家遇到问题的时候他们也会尽力参与沟通，以协助商家解决问题。

除此之外，副会长也对淄博烧烤的突然走红表示担忧，因为在淄博烧烤爆火之后，全国各地有很多商家一夜之间就挂上了淄博烧烤的牌子，但是实际上并没有采用淄博烧烤的模式。同时，淄博烧烤虽然火了很长一段时间，但是目前无法像可口可乐或者沙县小吃那样找到一个代表性的图形和样式，所以他们希望通过商标注册，一方面针对一些挂着淄博烧烤牌子但不是淄博烧烤的商家保留他们维权的权利，避免给淄博烧烤品牌带来太多负面影响，另一方面是希望通过商标注册来打造淄博烧烤的品牌形象。

而在商标注册方面，副会长表示，目前申请的商标性质是集体商标，而不是他们所预想的地理标志证明商标。协会在作决定之前也参照了一些地理标志申请成功的案例，像安溪铁观音、景德镇陶瓷，最后综合考虑到省时省力以及后续"好不好用"才选择了集体商标。"好用"主要体现在后续的授权上，之前兰州拉面在申请商标的时候就是因为一些地域问题没有申请下来，但是协会觉得地域问题并不是很必要，如果消费者认可协会的管理并且自身符合淄博烧烤的技术规范，那么协会就可以授权其使用，这对淄博烧烤来说也是一种无形的宣传。

四、实证研究中存在的问题

（一）小吃类产品难以实现产业化

本团队在走访过程中发现，淄博烧烤在从原料生产到商户售卖这一过程中，横向的产业包括生产、加工、销售等都是分散的。比如食品加工厂之间，包括原料的采购以及生产的流程与方式可能都是不一样的。这就产生了一个问题，拿地理标志农产品举例来说，地理标志农产品主要面向高端市场和出口市场，生产标准化水平高，质量控制力和品牌意识强，规模经济明显。因此，进一步提升地理标志农产品的品牌竞争力必然要求继续提高农业生产标准化水平质量控制力。[9] 地理标志产品之所以与普通的产品不同，就在于其有别于其他商品的性质，而这种特质应当能够被消费者识别出来。本团队的问卷调查显示，超过65%的人表示一般会选择购买地理标志产品，仅有1.89%的人从不购买，这说明地理标志产品在消费者群体中具有一定的知名度和认可度。因此，就某一类地理标志的所有产品来说，只有拥有相同的特质，才能够给予消费者以一定的区分于其他产品的可识别性。这就要求应当在生产上对整个产业链制定一定的标准，且该标准不应当过低。但对小吃类产品来说，这并非易事。首先，对小吃类产业链的下游——小吃店来说，大多数经营小吃类产品的商家都是个体户，其吸引消费者完全是凭自身的特点，能够在众多小吃店中生存下来必定有其魅力。如果强行制定一定的标准，要求所有的小吃店采取同样的做法去处理产品，则可能会导致产品的"同质化"，这对那些有着"特殊秘方"的小吃店来说不够公平。其次，小吃类产品的标准并不好判定，需要纳入考量的因素应当有哪些，以及如何对这些因素制定标准都是一个问题。但从反面来说，如果将基础标准提高了，那么受益的必定是消费者。小吃类产品标准的制定并非没有先例，2019年湖南省市场监督管理局发布标准号为DB43T 1588—2009的有关小吃湘菜的地方标准，旨在保护包括湖南名小吃长沙臭豆腐在内的36种小吃湘菜，对小吃的定义、特征、要求、试验方法、服务规范、检验规则和标识、包装与运送等方面均进行了严格的规定。淄博市政府可以此为模板，制定一系列标准，使淄博烧烤能够与地域产生一定的联系，在满足地理标志的要件上更无可争议。

（二）行业协会责任范围划分不清

基于前期的文献收集，本团队得出在地理标志中行业协会的作用是非常重要的结论。但是在走访淄博市烧烤协会之后，本团队发现，淄博市烧烤协会并没有将监管作为自己的义务之一。事实上，站在烧烤协会的角度去思考这也是情有可原的。对本团队来说，在理论上去论证淄博烧烤是否符合成为地理标志产品的要件似乎很容易，但是在实践操作上确实存在一系列的问题。无论是地理标志还是普通商标，对协会来说，最重要的是考虑这个商标最后"好不好用"的问题，这个"好用"的具体标准是后续授权问题上是否存在困难。地理标志产品的具体使用者仅限于特定地区内的经营主体，其商标注册人不能通过商标许可、加盟、入会等方式许可区域外的主体使用地理标志商标。[10] 对协会来说，这样的规定明显限制了小吃类产品的对外发展。基于这样的考虑，实践烧烤协会更愿意将淄博烧烤注册成为集体商标。因为相较于证明商标，集体商标对行业监管能力的要求更低，且注册人同时可以是使用者，这就导致了理论与实践上的出入。对此，有学者认为，受地理标志保护的产品原产地区域内的管理者或者生产经营者，如果愿意在专门法保护之外再注册证明商标或者集体商标，应当允许。[11] 这样的建议或许能够帮助协会更好地发展。

五、淄博烧烤地理标志应用的可能性

（一）淄博烧烤的独特性造就地理标志的可能性

"大学生特种兵淄博旅游打卡""淄博烧烤价格便宜实惠""淄博美食图鉴"等标签层出不穷，淄博烧烤大火的背后，是其自身独具一格的当地特色和多方主体参与共同努力的结果。然而，谈到对淄博烧烤的保护，就不得不提到淄博烧烤自身与地理标志的强契合性。

1. 淄博烧烤的独特性

淄博的历史底蕴为烧烤文化增添了厚重的积淀。淄博是我国的历史文化名城，素有"齐国故都"的称号，是齐文化的重要发祥地。据报道，在被列入2022年全国十大考古发现终评名单的临淄赵家徐尧遗址，发现了距今13000年的烧烤食物遗存；明朝时期，淄博烧烤烤肉店就已逐渐形成；20世纪50年代后期，淄博烧烤得到了全面推广。此外，据考证，淄博烧烤起源于清朝乾隆年间的小摊贩，他们开创了用豆腐皮包裹并用炭火烤制羊肉串的先河，其烧烤方式逐渐流传开来。因此，在这样浓重的历史文化包裹的传承之中，"淄博烧烤"诞生之早、应用流传之广就并非空穴来风了。

淄博的地理位置造就了食材多样化。淄博烧烤所采用的食材相当丰富，包括但不仅限于牛羊肉、鸡肉、带皮五花肉、蔬菜等，可谓一切皆可"烤"。

此外，淄博地处山东省中部，与六市相邻，枢纽优势明显，交通极其便利，因此青岛、烟台的海鲜，寿光的蔬菜等食材也与淄博烧烤完美融合，形成了不同于新疆等地烧烤的独特烧烤方式。淄博烧烤中增加了对海鲜类食材的炙烤，诸如鱿鱼、扇贝、海蛎子、大虾等海产品，特色鲜明。调研组成员在亲身体验当地食材后，无一不对淄博烧烤食材之丰富、口感之多样惊叹不已，对其蕴含的浓厚文化内涵也印象深刻。淄博烧烤食材的特殊性，源于其身处齐鲁大地与作为交通枢纽的得天独厚的地理位置，"地理"二字在这里被体现得淋漓尽致。

当地人文造就了烧烤吃法的独特性。除了淄博当地烧烤的实惠亲民因素，其吃法的独特性也是其爆火的重要原因。淄博烧烤跳脱出"先烤熟，再上桌"的大众普遍认知中的烧烤模式，而选用"烤炉+小饼+蘸料"的形式，让食材展现出它最佳火候下的鲜度，以适应对不同口感有要求的顾客的独特需求，极大激发顾客参与感，使其充分享受到淄博烧烤的独特乐趣。[12] 值得一提的是，淄博是目前全国城市中极少保留小炉纯炭烧烤的地方。从本团队与"赵一家烧烤总店"创始人的对话中我们也得知，淄博烧烤难以推广的其中一个因素便是其他地域对淄博烧烤的独特食用方法存在"不认可"的态度，烤炉维护费用略微高昂，但正是这样独具一格的吃法，才体现出淄博烧烤极强的地域特性，让我们一看到"烤炉+小饼+蘸料"，便能想到淄博。

综上所述，从历史文化、食材和吃法的角度来看，淄博烧烤历史文化底蕴深厚、食材多样化、吃法独特，这些无一不造就于淄博当地的地理文化，更无一不成就于淄博的人文风情，使淄博烧烤成为当地的"活名牌"。

2. 地理标志的可能性

对于地理标志的定义，目前最权威的是《与贸易有关的知识产权协议》中对地理标志的界定。其标示了某商品来源于某成员地域内或来源于该地域中某地区、某地方，该商品的特定质量、信誉或其他特征主要与该地理来源有关。我国《商标法》这样定义："地理标志是指标示某商品来源于某地区，该商品的特定质量、信誉或者其他特征主要由该地区的自然因素或者人文因素所决定的标志。"[13] 通过本团队与上海市知识产权局保护处四级调查员周志强先生连线，我们了解到地理标志产品主要有四个性质：首先，它必须是真实的产品；其次，它需要有区别于其他产品的特殊品质；再次，它必须拥有地域特殊性，即只有在某一个区域内才能产出特有的具有某种特殊品质的产品；最后，就是关联性，即它的特殊品质与地域是存在关联的。而关联性是地理标志的底线，不满足关联性，该产品便无法申请成为地理标志。在该语境下，地理标志必然与当地的水源、土壤、气候等自然因素或者人文因素有关，而这些因素也促成了该产品有别于其他产品的地方。以郫县豆瓣酱为例，它的发酵工艺和制作过程跟当地的气候紧密相关；它的风味与其他地方生产的豆瓣酱有明显区别，离开郫县（现郫都区），便无法复刻这样的独特风味。相反，潼关肉夹馍在申请地理标志初期，其制作方式还是当地的特殊工艺，但如今，外地商家售卖的潼关肉夹馍的主要材料的生产地都不在潼关，这引发了学界思考——与当地特色全然无关的美食，不应当注册为地理标志。[14] 但是，在现代科技的运用下，原先地理标志产品所具有的质量、特性均有了量化的可能性从而具备了可复制性。[15]

同时，从实务层面上来说，要注册为地理标志，就须保证这个产品已经存在了30年及以上；并且，地理标志的申请需要国家背书，它有别于专利权、商标权和著作权，这不是一个普遍意义上的私权问题，而是涉及公权力的形式，带有一定的公共属性，强调公共机构的责任。

3. 二者的适配造就可能性

从以上对比中，我们发现，淄博烧烤不仅在历史人文、独特的吃法和食材中与淄博当地具有强相关性，极大地保留了淄博当地的特色，并显著区别于其他地区的烧烤，其也拥有长达30余年的传承历史，满足申请地理标志的资格和条件。唯一美中不足的是，其食材的多样性和吃法的独特性有被其他地域复刻的可能和空间，因此其与淄博当地的相关性亟待进一步加强。

（二）地理标志的可能性促进商标应用的必要性

从上文的分析中可以看出，如果淄博烧烤能够加强自身与地理因素之间的关联性，是能够符合成为地理标志所需要件的，此时商标应用的必要性就显露出来了。为保护和发展淄博烧烤，相关地理标志申请的落实和相关商标保护的应用是十分迫切的。小红书提供的数据显示，"淄博烧烤"一词在2023年清明节（4月5日）后，平台搜索指数大幅上涨，一周内上涨了4.8倍，是上月同一时间的7.6倍，由此看来公众对淄博烧烤的关注度大幅上升。企查查数据显示，2023年第一季度淄博烧烤相关企业数量增长迅速，共新增336家烧烤相关企业，同比增长111.32%。[16] 不仅如此，"淄博烧烤"的商标注册也正被多个机构和自然人"盯"上。从法治网研究院登录国家知识产权局商标局官网，根据相关数据可知，"淄博烧烤"已被多家公司及个人申请注册商标，申请人包括威海九润农业科技股份有限公司、温州启兴企业管理有限公司、仔仔乐（山东）电子商务有限公司，自然人付某某、刘某某等，而且无序抢注"淄博烧烤"商标的行为正在增加。

如果相关部门不能及时注册商标，那么可能会造成地理标志淡化等不利后果。地理标志淡化是与地理来源有紧密联系的商品特性的模糊，甚至是完全消除，而该特性的形成主要是由于特殊的地理来源；如果产品丧失"地理"特征的显著性，便有沦为同类或相似商品的一般性符号的风险；地理标志的淡化最终形成其通用化，也就不再能称为严格意义上的"地理标志"的概念了。[17] 这种不具有使用资格的人随意使用或滥用产品名称的行为，会给正当权利人造成经济、名誉上的损害。如今，淄博烧烤走红之后，与其毫无关系的商家、企业纷纷打着"淄博烧烤"的名头贩卖与其并不相关的产品，这无疑是对"淄博烧烤"热度的消费，也是"淄博烧烤"作为地理标志申请商标的一大障碍。

将淄博烧烤作为地理标志产品申请注册商标，是在现行法律框架下为其提供最优知识产权保护的有效途径。地理标志保护模式相比一般商标的保护模式，最大的区别就在于有政府部门的监管，这种公权力的介入，相当于为"淄博烧烤"的持续发展吃下一颗"定心丸"。如果只是由当地刚刚成立的烧烤协会对其进行监管的话，一方面对内无法做到全方位的监管，另一方面对外欠缺制止侵权的能力。因此，将淄博烧烤作为地理标志产品申请注册商标是目前的最优解。

综上，落实地理标志申请和商标注册是淄博烧烤亟待解决的问题，只有真正解决了这一问题才能为淄博烧烤的发展营造良好的外部环境。

（三）主体多元参与度推动地理标志可能性

依据《地理标志产品保护规定》，地理标志的申请主体应为当地县级以上人民政府指定的地理标志产品保护申请机构，或者是人民政府认定的协会与企业。然而，《商标法》中却未明确阐述申请地理标志集体证明商标所需主体的具体要求。这无疑是当前地理标志立法进程中的一项明显不足，亟待引起重视并加以完善。

经过实地调研，本团队了解到目前的商标申请是由淄博当地商务局牵头，由刚成立的淄博市烧烤协会为申请人具体操作。这是符合相关规定的。另外，多个主体也同时参与到商标注册的过程，如旅游局、市场监督管理局等，为"淄博烧烤"注册商标保驾护航。

六、小吃类产品申请地理标志保护的路径与模式

基于前文对我国有关地理标志保护制度的分析、学界的争议，以及实证研究中发现的问题，本团队提出以下建议。

根据《地理标志产品保护规定》，小吃类产品与当地气候、土壤、水源等自然特征有紧密联系时，可以被视作该地的地理标志产品。但与农产品、药材等产品相比，小吃类产品因其便捷性、可移动性受地理因素限制小，与人文因素的关联度反而更高，若严格将《地理标志产品保护规定》中所强调的"自然因素和人文因素"作为地理标志产品的评判标准，小吃类产品将难以入选，更难以通过立法进行保护，所以，此举显然不妥。

此外，相较于传统的地理标志产品，小吃类产品要素更加繁杂，具有鲜明的地域指向性。因此，小吃类产品的域外使用也同样会面临传统地理标志产品所面临的问题，这也使其具有采用地理标志模式进行保护的可能性。基于此，若能对这类产品适当放宽约束条件，将重心转向人文因素，或许能实现更高效的保护。在集体商标"地名+小吃名"模式中，某一传统地方小吃如欲获得地理标志商标保护，则应当符合关联性标准。在大众的理解中，传统小吃最突出的特点便是其独特的传统制作工艺和风味，如果某种传统小吃的品质、声誉更多地依赖于当地独特的工艺，而非当地的自然条件，那么就应当允许所有掌握该项技艺的经营者拥有同等使用当地地名对产品特点进行直观描述的权利，这样一来，公众看到此类招牌就能够明白：这是生产者对采取某地特色加工方式进行生产所做的特别标注，该使用方式也将不再具有欺骗性和误导性。因此，不宜赋予"地名+小吃名"集体商标权利人过宽的独占范围，也不应绝对禁止他人使用。[18]

同时，对于如何协调公私权力在监管问题中的角色，本团队认为，私权在商标使用认知上存在天然不足，"潼关肉夹馍""逍遥胡辣汤"等事件的发生就是因为私权缺乏监督能力、无法厘清该类产品的保护范围。因此，要实现对淄博烧烤这种小吃类产品的保护就必须依赖公权力的介入与强制性保护措施的落实，可见仅靠商标法模式对其予以保护显然不妥。

在我国，对于地理标志使用者主体问题，学界目前尚未形成统一认知。《地理标志产品保护规定》明确划定了可以使用、认定地理标志产品的主体范围，而在国家知识产权局发布的《商标局发布地理标志商标注册申请 15 问》中，针对地理标志商标申请人主体做出了部分否定，其中明确指出公司、农民专业合作社不能作为地理标志商标申请人，因为地理标志属于区域公共资源，商标注册人应为当地不以营利为目的的团体、协会或其他组织，一般为社会团体法人、事业单位法人，其业务范围需与所监督使用的地理标志产品相关。本团队认为，小吃类产品尤其像"淄博烧烤"这类知名度高的产品，向外传播是必经之路，与其禁止官方授权区域外商家使用导致滥用现象丛生，不如建立起一套登记程序，允许符合地理标志组织标准的外地商家进入，从而规范行业发展。

七、结语

基于文献研究，本团队发现学界在关于小吃类产品能否注册成为地理标志产品这一问题上存在较大争议；调研之后，发现在实践中要将小吃类产品注册成为地理标志也存在较大的困难。但从该类小吃的特殊性质以及消费者角度考虑，将其纳入地理标志制度保护模式仍是有必要的。因此，本团队寄希望于地理标志相关的后续立法和法律修改中，能将小吃类产品作为一项特殊的地理标志产品予以考量，并将《商标法》与《地理标志产品保护规定》进行良好的衔接，使之能够更好地保护小吃类产品。

参考文献

[1] 张玉敏. 地理标志的性质和保护模式选择［J］. 法学杂志，2007（6）：6-11.

[2] 冯术杰. 论地理标志的法律性质、功能与侵权认定［J］. 知识产权，2017

（8）：3-10.

[3] 曹琳. 地理标志产品的品牌化机制与策略研究［D］. 济南：山东大学，2012.

[4] 郭辉，乔瑜. 论道地小吃的地理标志保护模式与完整对策［J］. 广西职业师范学院学报，2023（2）：78-86.

[5] 杨奕. 中原民间小吃的地理标志保护研究［J］. 河南科技，2020，39（18）：120-123.

[6] 冯瑞进. 地方小吃不宜作为地理标志商标进行保护：以潼关肉夹馍为切入点［J］. 中华商标，2022（6）：13-16.

[7] 赵小平，吕静彦. 传统小吃的地理标志保护研究［J］. 山西高等学校社会科学学报，2020，32（3）：45-55.

[8] 李晓民. 地理标志法律保护机制研究：以景德镇地理标志为例［D］. 北京：中国政法大学，2005.

[9] 王文龙. 中国地理标志农产品品牌竞争力提升研究［J］. 财经问题研究，2016（8）：80-86.

[10] 陈玉韩，郑丹丹. 商标小课堂上课啦！地理标志商标使用环节常见问题解答［EB/OL］.（2023-01-12）［2023-08-28］. 微信公众号"中国知识产权报".

[11] 张玉敏. 我国地理标志法律保护的制度选择［J］. 知识产权，2005（1）：14-18.

[12] 何斌，简浩，胡卫敏等. 城市情感治理内在逻辑及其过程机制：以"淄博烧烤"为例［J］. 北京交通大学学报（社会科学版），2023，22（3）：74-83.

[13] 陈捷敏，曹炳汝，颜东绪. 浅谈地理标志及其在中国的保护［J］. 黑龙江对外经贸，2009（1）：126-128.

[14] 钟洁涵，刘铁光. 地理标志商标的必要性使用及其实现［J］. 郑州航空工

业管理学院学报（社会科学版），2023，42（4）：54-60.

[15] 管育鹰. 我国地理标志保护中的疑难问题探讨［J］. 知识产权，2022（4）：3-17.

[16] 李建军. 网红城市形成机理分析以及对城市旅游发展的启示：以淄博烧烤为例［J］. 新闻研究导刊，2023，14（15）：36-41.

[17] 于恩锋. 地理标志的淡化和通用［J］. 中华商标，2004（6）：48-50.

[18] 白海戎. 地方小吃地理标志集体商标专用权的边界：兼评"潼关肉夹馍"商标侵权案［J］. 中华商标，2022（6）：8-12.

"地标"兴农：消费者视角下的地理标志商标侵权规制研究[*]

一、绪论

(一) 研究背景

自党的十八大以来，以习近平同志为核心的党中央高度重视地理标志的工作，将其视为乡村产业振兴的重要保障，且地理标志证明商标在地理标志中占有很大的比重。然而，地理标志证明商标深陷侵权纠纷泥潭，各种"搭便车""傍名牌"的"外部性"现象层出不穷。追根溯源，消费者信息不对称是这一问题的根本所在。

在信息不对称的情况下，商家投机行为越发严重，商标的识别功能更易受到破坏或削弱。这导致消费者在选择商品或服务时容易产生混淆，对产地

---

[*] 吴诗雨，中国人民大学法学院本科生；张宇时，中国人民大学法学院本科生；梁子珺，中国人民大学法学院本科生；高宁悦，中国人民大学法学院本科生；菅国润，中国人民大学法学院本科生；赵珞彤，中国人民大学法学院本科生。

等特定品质产生误认，进而影响其购买决策，从而构成侵权。

要解决这些"外部性"问题，就必须制定科学合理的商标侵权标准，对商标侵权行为进行有效规制。但不论在理论层面还是在实践层面，地理标志证明商标在侵权认定上都存在着"混淆"和"产地等特定品质误认"两种标准的选择争议。

商标的核心功能在于"识别"，因此，合理的侵权标准应当顺应消费者的心理状态来制定。在实际的消费者认知机制下，当消费者面对地理标志产品进行选购时，在控制注意力变量的情况下，他们可能更倾向于出现"产地等特定品质误认"的心理状态。因此，将"产地等特定品质误认"作为侵权认定标准，更贴合消费者心理。

此外，加强标示本身的识别功能，也是有效治理由于消费者信息不对称而引发的商家投机和侵权乱象等外部性问题的关键。通过这一措施，我们可以更好地发挥地理标志商标在乡村振兴中的关键作用。

（二）实践争议

乡村振兴依靠农产品产业蓬勃发展，而农产品产业蓬勃发展离不开地理标志的推广——原因在于，地理标志作为一种"识别性标记"，具有"产品差异化的信号传递机制"和高质量产品的"信号显示机制"[4]，其能够有效解决市场中买卖双方信息不对称带来的市场失灵问题，促进产业集群和区域经济发展及乡村振兴。因此，为助推乡村振兴和乡村高质量发展，维护地理标志的"识别性"显得尤为重要。

近年来，众多地理标志被注册为证明商标并受到保护。然而，地理标志商标的混乱使用、滥用以及假冒伪劣的"搭便车"现象屡禁不止，这在一定程度上削弱了其"识别性"。这一现象的产生，既源于商家的投机行为，也与消费者信息不对称密切相关。消费者难以获取准确、及时的信息，可能导致对地理标志相关产品的混淆和误认，从而为商家的投机行为提供了可乘之机。

这也是地理标志"外部性"[①] 的一大成因。因此，要解决"外部性"问题，就必须明确消费者信息不对称的现状，并据此明确对地理标志商标侵权行为的规制方式。

目前，学界在地理标志证明商标的侵权判断标准上存在较大的分歧。有学者主张，地理标志证明商标作为商标的一种，应当遵循一般的以混淆可能性为核心的侵权认定标准。[5] 然而，学界也存在不同声音，认为地理标志证明商标具有地域指向性，应将混淆转化为消费者对产品产地等特定品质的误认作为判定标准。这种分歧可能会导致商标侵权规制出现阻滞和偏差，进而影响"外部性"问题的有效解决。因此，准确设定地理标志商标侵权认定标准具有至关重要的意义。

由于商标的基本功能和本质属性是"识别"，构成侵权归根结底还是要以消费者自身的识别效果为标准，而消费者自身的识别效果又依赖其认知形成机制——"商标作为消费者购物的主要依据，其功能的发挥与消费者的认知密切相关"[23]，因此，构成侵权究竟应以混淆框架进行判断，还是以"产地等特定品质的误认"来进行判断，本质上需要深入探究消费者的认知形成机制。

基于此，本研究将深入探讨消费者内在形成机制，在标示识别功能下降的情况下，消费者的识别究竟会导向混淆还是产地等特定品质的误认。通过实证研究，为地理标志证明商标侵权标准提供实证支撑，并在此基础上进一步打击侵权、治理"外部性"问题，维护商标的"识别性"，最终给予乡村振兴以正向促进效果。

---

① "外部性"是一个个体或群体从事任何一种行为造成的对自身或自身群体之外的个体、群体乃至社会的影响，可以分为正外部性和负外部性。正外部性是指有些人的生存或消费使另一些人受益、而前者无法向后者收费的现象；负外部性是指一些人的生产或消费使另一些人受损、而前者无法补偿后者的现象。本文的"外部性"主要指地理标志的负外部性。

二、研究框架与技术路线

基于上述背景介绍和争议分析,本调研制定了如下研究框架和技术路线(见图1)。

在司法实践方面,本研究通过对司法判决书的系统检索与深入实证分析,提取并总结了当前地理标志证明商标侵权认定标准存在的分歧现状。为进一步验证这些分歧的现实性,我们有针对性地开展了法官访谈,以司法实践者的视角提供了佐证。

在消费者实际情况方面,本研究基于认知形成机制理论构建了研究框架。通过大规模问卷调查与量化分析,我们深入探究了消费者在面对地理标志证明商标时的心理状态。同时,为增强研究的实证性,我们还对相关消费者进行了深入访谈,为侵权认定标准提供了有力的实证支撑。

基于上述司法实践与消费者实际情况的现实状况与实证分析结果,本研究立足于跨学科视角,融合了法学、经济学和消费者心理学三个领域的理论与方法,进行了全面而深入的综合分析。在此基础上,我们提出了关于侵权认定标准选择的建议,旨在助力实现精准打击侵权、有效治理消费者信息不对称所引发的"外部性"问题、切实维护地理标志证明商标的"识别性",并为乡村振兴注入正向促进力量,从而达成本调研的核心目标。

三、司法现状:两种标准并存

为了深入了解司法审判中地理标志侵权认定标准的实际情况,并明确学界争议点在司法实践中的具体表现,本调研小组首先对近年来的相关司法案例进行了全面检索。我们从宏观总体和典型个体两个维度出发,对司法侵权认定的现状进行了深入分析。为进一步增强研究的实践性和针对性,我们还对法官等实务人员进行了深入访谈，以获取第一手实践经验和观点。

（一）案例分析

1. 样本范围与案例筛选

本调研以全文中包含"侵权""地理标志"且案由为"知识产权权属、侵权纠纷"为检索条件，截至 2023 年 3 月 12 日，在北大法宝共检索得到 2325 份符合条件的裁判文书①，最终选取了 2018—2022 年②的裁判文书作为研究对象，共 1723 件③（见图 1）。

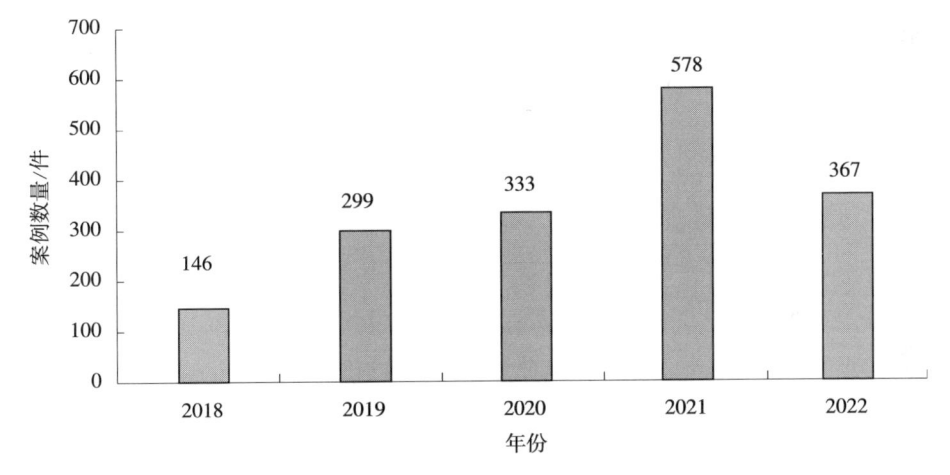

图 1 2018—2022 年地理标志侵权纠纷检索案例数量年度分布柱状图

① 通过统计这些侵权案例中的涉案地理标志，笔者发现侵权纠纷案例中的地理标志多为地理标志证明商标。而且案件涉及的商标相对集中，关于知名商标如"西湖龙井""阿克苏苹果""库尔勒香梨"的案件数量很多，相关侵权判决分别达到了 143 份、82 份、108 份。这些知名地理标志证明商标面临的"搭便车"等"外部性"问题、侵权问题较为严峻，其商标持有主体的维权意识较高，当然不排除恶意诉讼的可能性。

② 2017 年颁布的《中华人民共和国民法总则》（已废止）第 123 条明确将地理标志纳入知识产权客体范畴，且在随后的《民法典》中得以延续，从基本法层面确立了地理标志的知识产权属性。这对于现有侵权认定的情况可能会产生一定影响，同时为了兼顾案例的时效性，因此本调研小组选择裁判文书的时间范围为 2018—2022 年。

③ 其中，2018 年为 146 件、2019 年为 299 件、2020 年为 333 件、2021 年为 578 件、2022 年为 367 件，总体而言，地理标志证明商标侵权纠纷近年来总体呈增多趋势，应予以关注。

调研小组采取抽样方法，以"该年度裁判文书总量：抽样文书数量＝3：1"的比例在每个年份进行随机抽取后，共得到574份裁判文书，在人工排除了关于数额赔偿的上诉案件等"未涉及侵权认定问题"的类型后，其余"涉及侵权认定问题"的案例可以分为两类，主要有两种裁判思路（见表1）。这两类案件存在重合与交叉。由于此研究立足于消费者角度，不考虑单纯以"是否取得授权作为侵权认定标准"的侵权认定案例，因此人工排除此类案件。

表1 地理标志商标侵权案件类型、裁判思路及认定标准

类型	侵权类型	裁判思路	认定标准
未涉及侵权认定问题	比如赔偿数额问题		
涉及侵权认定问题	未经相关协会许可即使用其商标特定的图形、文字、拼音等组合图形，销售来自相关地区或非来自相关地区的产品	商标性使用判断—近似性对比—混淆或产地误认—认定侵权	侧重于将混淆或产地误认的判断作为是否侵权的标准
	使用与相关商标近似的图形、文字、拼音等组合图形，使消费者产生混淆或误认	是否符合使用管理规则—是否取得授权—认定是否侵权	侧重于将是否取得授权作为侵权认定标准

经过上述随机抽样和人工排除，共得到381份有效样本作为研究对象。（见表2）

表2 有效样本数量（2018—2022年）

年份	原始检索	随机抽取	筛选后有效案件
2018	146	49	28
2019	299	100	67
2020	333	111	75

续表

年份	原始检索	随机抽取	筛选后有效案件
2021	578	193	116
2022	367	122	95
总计	1723	574	381

2. 侵权认定思路与裁判分歧的梳理

在最终有效案件中，我们发现，法官的裁判思路主要如图 2 所示：

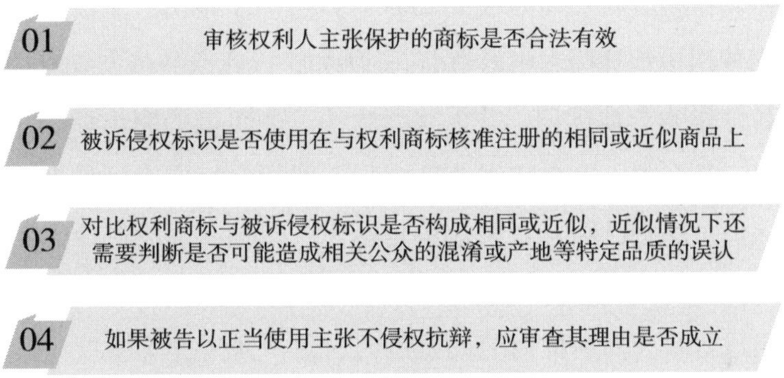

01 审核权利人主张保护的商标是否合法有效

02 被诉侵权标识是否使用在与权利商标核准注册的相同或近似商品上

03 对比权利商标与被诉侵权标识是否构成相同或近似，近似情况下还需要判断是否可能造成相关公众的混淆或产地等特定品质的误认

04 如果被告以正当使用主张不侵权抗辩，应审查其理由是否成立

图 2　地理标志侵权纠纷案件裁判思路流程

由于地理标志不同于普通商标的特性，其中各步骤均存在值得关注的问题，现结合具体案例展开阐述。

第一，被告以"将地名作为产地标记而非地理标志含义上的使用"作为"正当使用"之抗辩的情形。根据我国《商标法》第 10 条第 2 款规定："县级以上行政区划的地名或者公众知晓的外国地名，不得作为商标。但是，地名具有其他含义或者作为集体商标、证明商标组成部分的除外；已经注册的使用地名的商标继续有效。"由此可知，在普通商标中，如"五常"等县级以上行政区划的地名是不能出现在商标中的，因为这种组合本身并不具备普通商标的显著特征，也不能起到区分商品来源和指向特定供应者的作用。而地理标志证明商标"产地+品名"的使用方式之所以得以存在，是因为长期以来某些地区产品拥有的特定品质、信誉或其他特征已经取得了识别性，消费者也建立了"产地+品名"与这类产品的特定品质的认知关联。因此，这种制度设计相当于对于这类"原产地产品"的一种加强力度的特别保护。

然而，由于地理标志证明商标名称中的地名本就存在通用意义，这种保护需要考虑到在商标权人之间的私益和同地区其他经营者、广大消费者等的公共利益之间的权衡。由此，《商标法》第59条规定，"注册商标中含有本商品通用名称或者地名的，注册商标专用权人无权禁止他人正当使用"。《集体商标、证明商标注册和管理办法（2003）》进一步指出，正当使用地理标志是指"正当使用该地理标志中的地名"。例如，仅在商品包装背面的商品信息中载明地名以作为产地标记，并无字号大小、颜色上的突出标注，一般不会被视为侵权。这一规定旨在防止地理标志证明商标权成为一种绝对垄断性权利，同时保障了那些已经合理避让地理标志、但确有标注产地需求的同地域生产者的权利。有司法裁判也明确指出，"在地理标志证明商标标示的区域范围小于地名或行政区划名称对应的范围时，这一规定尤为重要……对于二者差异区域内的同类产品的生产者，同样存在使用该地名表明产品产地的需求，这也是《中华人民共和国产品质量法》和《中华人民共和国消费者权益保护法》赋予生产者的一项义务"[19]。

第二，被告实际上已构成商标性使用，且未取得地理标志证明商标的权利人（即地理标志保护协会）的授权，但以其"使用人的商品确实符合地理标志使用条件（如产品符合产地、质量标准）"作为"正当使用"的抗辩情形。对此，存在两种观点：

一种观点认为，该种抗辩不成立。其内部原因又分为两种情形：一种情形认为，被告在未经授权且构成商标相似和混淆的情形下即已构成侵权，其销售的商品的产地与品质是否符合标准，在所不问。例如，在"射阳县大米协会与上海市奉贤区龙飞粮油经营部、滨海县名仲米厂侵害商标权纠纷案"

中，法官认为"综合考虑涉案地理标志商标的知名度、相关公众的一般注意力、标识比对等相关因素，可以认定两者构成近似，被告名仲米厂在被控侵权产品上突出使用涉案标识容易导致相关公众对商品的来源产生混淆"①。这种侵权认定标准直接使被告丧失了通过举证产地、质量达到标准而不构成侵权的机会。另一种情形则关注产地、品质等是否符合标准，但仍然要求取得协会许可。如有裁判指出，如果要使用证明商标需要同时满足两个条件：第一，"其所生产、销售的苹果必须来自新疆维吾尔自治区阿克苏市特定区域范围内且产品品质特征符合其特定要求"；第二，"其必须向阿克苏苹果协会提出使用申请并经许可使用"，两个条件缺少一个都会构成侵权。②

另一种观点则认为，该种抗辩成立。因为该种使用并不影响地理标志证明商标的识别作用——"使相关公众识别出使用该商标的商品来源于某一特定地区，且该商品具有源自该地区的特定品质"——的实现，至于是否已经向协会申请，在所不问。例如，在"杭州市西湖区龙井茶产业协会与北京紫瑶鸿商贸有限公司等商标权权属、侵权纠纷案"中，法院认为："龙井茶协会有权禁止其商品不符合《管理规则》所规定的茶叶特定品质的自然人、法人或者其他组织使用该商标，但其不能剥夺虽没有向其提出使用该证明商标的要求，但商品确产于杭州西湖龙井茶保护基地的自然人、法人或者其他组织正当使用该证明商标中地名的权利。"因此，在被告提供证据初步证明其茶叶确实来自西湖龙井保护基地后，其在包装上使用"西湖龙井"的行为便"不会造成相关公众对该茶叶原产地等特定品质产生误认，不构成侵权"。③ 又如，在"景德镇陶瓷协会、中山市森羚家居饰品厂等侵害商标权纠纷案"中，由

---

① 射阳县大米协会与上海市奉贤区龙飞粮油经营部、滨海县名仲米厂侵害商标权纠纷一审民事判决书，江苏省盐城市中级人民法院（2019）苏 09 民初 341 号。
② 阿克苏地区苹果协会与韩芹元等侵害商标权纠纷一审民事判决书，济南市历下区人民法院（2020）鲁 0102 民初 14868 号。
③ 杭州市西湖区龙井茶产业协会与北京紫瑶鸿商贸有限公司等商标权权属、侵权纠纷一审民事判决书，北京市朝阳区人民法院（2015）朝民（知）初字第 33892 号。

于被告"已对其销售产品合法来源进行初步举证，景德镇陶瓷协会未提交证据予以反驳"①，因此法院以证据不足为由并未支持原告的主张。

（二）访谈分析

为深入探索法官对地理标志侵权认定的思路，本调研组基于裁判文书的实证研究结果，对江苏省某法院知识产权庭的陈法官进行了深入访谈（访谈内容详见附录）。访谈主要围绕法官在判定地理标志侵权时的裁判思路、造成消费者错误判断的认定标准和考量因素，以及地理标志的正当使用等核心问题展开。

在访谈中，陈法官指出，鉴于地理标志在本质上仍属于一种特殊商标，因此在判断相关使用行为是否符合正当使用规则时，可以参考商标权侵权诉讼中的相关规则。在判定正当使用（合法来源）抗辩是否成立时，法官不仅需要对进货凭证、进货单据、实际支付凭证、完税发票等进行详细审查，还要综合考虑被控侵权者主观上是否明知其销售的是侵权产品。如果权利人的地理标志知名度较高，且结合其他证据可以推定被控侵权者主观上明知，则对其正当使用（合法来源）抗辩不予认定。

同时，法官始终强调具体问题具体分析的原则，结合我国的基本国情和民众思维方式，提出了从主观和客观两个维度来理解"混淆"和"误认"的思路，并指出在判断时应综合考虑销售场所等多种因素。

对于侵权行为人而言，其主观上采取的种种作为即可视为具有混淆意图（行为）。而对于相关公众（包括受众、消费者）来说，客观上因受到混淆行为的影响，在选择或判断上导致对商品来源或产地的混淆或误认（误解）。

客观地说，侵权行为人采取的混淆行为在表现形式上（如相同或近

---

① 景德镇陶瓷协会、中山市森羚家居饰品厂等侵害商标权纠纷民事一审民事判决书，广东省中山市第二人民法院（2021）粤2072民初13113号。

似）会因权利商标所在的商品/服务行业以及所面对的消费者/受众类型（包括潜在消费者的知识水平、阶层和消费方式等）的不同而有所差异。但其核心主要是对权利商标本身进行模仿或改造，即依据权利商标的特征来设计或调整被诉侵权标识。毕竟，是权利商标而非侵权标识代表着可能带来的巨大收益。

此外，消费场所也是地理标志侵权行为判定时应考虑的重要因素。特定的被诉侵权标识是否置于对应的消费场所，虽然不影响侵权行为的认定，但会对侵权赔偿的裁判产生影响。

（三）本部分小结

通过阅读案例和访谈法官，本研究发现，司法裁判中充分关注了地理标志与普通商标在"识别性"上的显著差异，即地理标志不仅标识着商品的产地，还蕴含着该地区产品特有的品质、信誉等内涵。同时，司法裁判背后也体现了一定的价值考量，即在商标权人之间的私益与同地区其他经营者、广大消费者等公共利益之间进行权衡。因此，商品产地与质量是否确实符合相应地理标志商品的标准，成为判定地理标志侵权的重要考量因素。

四、消费者调查

本研究辅以针对个别消费者的深度访谈，访谈对象均为地理标志产品的购买者。访谈主要围绕消费者在购买地理标志产品时的考量因素展开。基于此，我们设定了以下两个具体衡量维度：一是消费者在购买过程中具体关注的因素；二是这些具体关注因素的判断困难程度。

为深入探究这一议题，本研究共进行了 6 次针对地理标志产品购买行为者的访谈，并对访谈内容进行了关键词提取和分析。（见表3）。

表3 地理标志产品购买者访谈衡量因素及关键词分析

衡量维度	受访者a	受访者b	受访者c	受访者d	受访者e	受访者f
具体关注因素	专卖店或旗舰店/店铺规模和正规程度	店铺信誉	—	—	旗舰店与否/平台规模和平台正规程度	店铺规模和正规程度
	—	—	销量和好评数	销量、好评数、差评数	销量和好评数	销量
	产地	产地、质检	产地	产地、卖家的自我证明	工厂照片、资格证明、变相证明产地、质量/发货地和厂商位置	产地
	包装是否正规以及有无防伪标识	包装靠不靠谱	—	—	—	外观
	—	—	价格	价格	—	价格
判断困难程度	—	—	—	—	标识	
	产品本身品质判断	—	产品质量,没有确定的标准来衡量	—	—	产品质量,缺乏具体的衡量标准
	—	—	—	—	产地判断	—
	—	证书商标不知道是不是真的,图片模糊	—	—	难以判断产地、证明文件等的真实性、颁发机构的权威性	—

由上述访谈结果可知,"产地"因素被每一位消费者所提及,并且被普遍视为最重要的考量因素;相比之下,"标识"因素则排在最后,仅有一名受访者提及。在回答具体关注因素的判断困难程度时,近半数消费者表示"产品品质"和"产品质量"的衡量存在困难;同时,有一位消费者提出"产地判

断"也存在一定难度。另外,有两位消费者提到了证书、商标、证明等辨识上的困难。

由此可见,消费者在辨识地理标志相关商品时,更侧重于关注产地及其相关的产品品质,而几乎不太关注商品来源的标识本身。在消费者心目中,证明地理标志产品资质的最重要因素的便是产地。此外,消费者往往并不主要依赖标识本身进行辨别,而是更多地依据店铺信誉、评价以及店铺与售卖平台的规模和正规程度等其他替代性环境因素来作出判断。这或许解释了为什么消费者对产地及特定品质的误认对标识识别功能下降不敏感。

此外,基于访谈可知,消费者对于产地等特定品质的辨识,基本上并不依赖外部信息(如商品信息与标示信息)的识别功能,而是依赖于一些其他信息,如环境因素等——这在一定程度上反映了消费者在信息不对称情况下的实际行为模式。[①]

调查进一步揭示,信息不对称在消费者认知过程中的具体表现及其对购买行为的影响主要体现在以下几个方面:

由于市场上关于地理标志产品的信息公开程度有限,因此消费者在获取产品详情时常常面临信息不全的困境,导致"识别失败"现象频发。信息公开的不充分使消费者难以全面、准确地了解产品的真实质量和产地信息,进而削弱了他们对品牌、生产者或销售渠道的信任。

在此情况下,消费者不得不依赖有限的信息来源,如知名品牌效应或第三方认证,来做出购买决策。然而,这种依赖在一定程度上降低了对产品整体评价的可靠性和客观性。

[①] 消费者信息不对称主要体现在以下两个方面:一是消费者难以获取准确的产品质量信息,因此难以有效避开低质量产品;二是消费者难以获取准确的产品供应者信息,导致个别产品的负面评价可能波及整个市场中的同类产品。尽管消费者具备一定的标识认知和商品本身的信息储备,但他们所获取的产品质量信息、产品供应者及供应地信息往往存在不准确、不精确的问题。这些信息获取难度大,且消费者往往不知如何有效获取,导致在实际辨认中这些信息的使用效果欠佳,无法有效支撑消费者的辨认过程,进而引发误认。为了避免误认,消费者不得不转向其他替代性因素来辅助决策。

当消费者获取的信息存在缺失或偏差时，他们往往会采取更为保守的购买策略，甚至直接放弃购买存在争议或信息不明的产品，从而增加了决策的风险性。

信息不对称使得消费者在作出购买决策时难以全面权衡所有相关因素，这可能导致错误认购或误买误购的情况发生。为了弥补信息缺口，消费者往往不得不依赖品牌效应、店铺信誉或第三方认证等替代信息。

虽然这种依赖在一定程度上可以缓解信息不足的问题，但也可能使消费者忽视产品本身的实际质量与真实产地信息，从而影响其购买决策的准确性和合理性。

综上所述，信息不对称不仅使消费者在认知过程中遭遇诸多困扰，还直接干扰了他们对产品真实性、质量及产地的判断，最终在购买行为上产生了显著的风险和不确定性。

五、跨学科视角分析

通过阅读案例和访谈法官[①]，并且基于对消费者问卷的量化分析与访谈结果，本研究倾向于统一侵权标准，并支持选择"产地等特定品质误认"标准进行侵权判断，原因简述如下。

（一）法理分析：基于"识别性"差异与价值的考量

首先，从法的目的与价值层面来看，统一侵权认定标准对于实现法的公平正义至关重要。为规范地理标志的侵权认定，应统一法律行为规范，合理

---

① 通过阅读案例和访谈法官，本研究发现司法实践中存在法官认定标准不一、模式混乱的状况。且采取两种标准的案件数量差距不大，其中产地误认近年来得到了越来越多的认可——这可能源于其"识别性"上的差异以及一定的价值考量。

分配社会福利与负担，以达成法的目的与价值。在司法实践中，由于缺乏明确的标准，法官在处理类似案件时，尽管基于查明的事实，但在裁判思路、裁判理由、认定标准及裁判结果方面却存在显著差异。这种状况严重损害了当事人的预期性，也违背了"类案同判"的司法原则。

其次，从保护法益的角度出发，以"产地等特定品质误认"作为侵权认定标准更能体现地理标志的目的与初衷。"产地等特定品质误认"的保护主要是使消费者免受对产品的来源及其品质的错误认识，使该地域特殊的自然因素、人文因素以及众多生产者共同努力而形成的凝结在商品中的商品品质与劳动成果能够得到认可，其规制的对象是"导致普通消费者对产品产地及品质产生误认的行为"。相比之下，"混淆"的保护是对附着在商标上的商誉、品牌价值的保护，防止不正当竞争行为，使真正的优质品牌能够在市场竞争中得到认可，其规制的对象是"导致相关公众对商品提供者产生混淆的行为"，即规制不正当竞争行为。可见，"混淆"和"产地等特定品质误认"保护的法益的侧重点有所差异。而这需要回归到地理标志与普通商标的设置目的与初衷上。

普通商标的本质功能是区别功能。根据《商标法》的规定，地名作为商标除需要遵守《商标法》第10条规定之外，还应符合《商标法》第9条的规定，即应当有显著特征，便于识别。但对于地理标志而言，区别功能只是一般功能，品质功能才是其最本质的特征，也是地理标志设置的初衷与目的，即地理标志除表明商品来源于"某地"之外，还必须表明该商品不同于异地商品的特定质量、信誉或者其他特征，且是由"某地"的自然因素或者人文因素所决定的。因为地理标志证明商标和普通商标在保护目的上不同，所以其在侵权判定标准上也应区别于普通商标，采用更符合地理标志设置初衷的"产地等特定品质误认"标准。

最后，从保护法益的角度出发，以"产地等特定品质误认"作为侵权认定标准，更契合地理标志的目的与初衷。地理标志旨在保护消费者免受对产品来源及其品质的错误认识，确保该地域独特的自然因素、人文因素以及众多生产者共同努力所形成的商品品质与劳动成果得到应有的认可，其规制的核心在于"导致普通消费者对产品产地及品质产生误认的行为"。

相比之下，"混淆"标准则侧重于保护附着在商标上的商誉和品牌价值，防止不正当竞争行为，确保优质品牌在市场竞争中获得应有的认可。其规制的对象主要是"导致相关公众对商品提供者产生混淆的行为"，即主要规制不正当竞争行为。由此可见，"混淆"和"产地等特定品质误认"在保护法益上的侧重点确实存在差异。

这种差异源于地理标志与普通商标在设置目的与初衷上的不同。普通商标的本质功能是区别功能，通过显著特征来识别商品或服务的提供者。而地理标志则不同，其区别功能只是一般性功能，品质功能才是其最本质的特征。地理标志制度的设置初衷在于表明商品不仅来源于"某地"，还必须具备由该地自然因素或人文因素所决定的特定质量、信誉或其他特征。

因此，在侵权判定标准上，地理标志证明商标应区别于普通商标，采用更符合其设置初衷的"产地等特定品质误认"标准。这一标准不仅符合地理标志的法律属性和保护目的，也能更好地维护消费者的合法权益，促进地理标志产品的健康发展。

（二）法解释学分析：基于对地理标志证明商标的体系性解释

从国内法体系的角度来看，采用"产地等特定品质误认"标准，既可与《商标法》文本保持前后一致性，又可维护商标法体系的完整性，从而最大限度地发挥《商标法》在保护地理标志证明商标方面的作用。我国《商标法》第10条第1款第7项规定了产地等特定品质误认的情形，即带有欺骗性，容易使公众对商品的质量等特点或者产地误认的。[1] 而地理标志商标的主要功能就在于能够令消费者识别出该产品的产地来源及其所具备的品质。在司法实务中，各地法院亦逐渐采用"产地等特定品质误认"的实质概念作为地理标志商标侵权案件的判定标准[2]，这种说理方法既与商标法第 10 条第 1 款第 7 项的用语一贯相承，也更能凸显地理标志商标区别于普通商标，以及其承载的自然因素和人文因素的特点。

从法体系的角度来看，采用"产地等特定品质误认"的表述更能与域外立法相衔接。在域外立法中，对地理标志提供较高保护水平的《与贸易有关的知识产权协议》采用了"误解"的表述方式，其中"对公众产生误解"在英文文本中表述为"mislead the public"。尽管该条款要求必须实际造成公众对产地发生误认才构成地理标志侵权，但其仍将地理标志的侵权标准界定为"造成公众误认（Mislead）"。此外，德国商标法关于地理标志侵权行为的英文译本也采用了"误认（Mislead）"这一表述[3]，而非"混淆（Confuse）"。这与我国商标法文本的表达方式以及对地理标志的保护初衷是相同的，因此采用"产地等特定品质误认"表述不仅更符合域外立法的表达惯例和英文原意，而且有利于农产品地理标志的国际保护，有利于与国际标准相衔接。

（三）法经济学分析：基于"外部性"问题的解决路径

商标等识别性标记可以"指明某一特定产品或服务的来源"，以激励生产者保持质量，同时降低消费者购物时取得质量信息的成本，解决信息不对称

---

[1] 总体可以理解为，商标标志故意曲解商品或服务在质量、主要原料、功能、用途等方面的真相，使公众对商品或服务的质量等特点或产地产生错误的认识。

[2] 其在案件审理与认定的过程中通常表述为"是否构成侵权行为，应当以被诉侵权行为是否容易导致相关公众对商品的原产地等特定品质产生误认作为判断标准"。

[3] 德国商标法规定地理标志可以注册成为集体商标，并进一步对地理标志的保护作出包括但不限于如下之规定："对于具有特殊声誉的地理标志，尽管不会引起产地的误认，也禁止因对其不合理地使用而损害地理标志的声誉和识别力的行为；禁止使用与地理标志近似的标识引起产地误认或者损害地理标志声誉的行为。"

问题。在此种情况下,"即使由于生产者对商标进行广告宣传和实施所作的投资而使有商标的产品的名义价格①比较高",但只要消费者的总成本②较无商标时的总成本低,消费者仍然会倾向于购买商标产品。[29] 正常情况下,商标可以排除投机行为带来的外部性影响:商标权人与商标牢牢绑定,良好经营的经济效益由本人独享而不会惠及他人,投机取巧的恶果由本人承担而不能转嫁他人;商标权人之外的人被严格排除在外。

通常情况下,地理标志作为一种"识别性标记",具有"产品差异化的信号传递机制"和高质量产品的"信号显示机制"[4],能够指明其所标识的商品产地,并进一步使消费者"对相关产品的品质、声誉或其他特性等产生一种'善意的信赖利益'"[8],如果地理标志的信息足够公开,那么消费者就能轻易获取这些信息以及与之紧密关联的产品质量信息,从而选出优等品。在这种情况下,地理标志所保护的产品生产者不必担心出现信息不对称与逆向选择问题③,而能够投入成本生产优等品,进而提高销售产品的价格和销量,获取更多利润。

由此可知,划定商标权界限,即地理标志证明商标专用权界限,制定合理的地理标志证明商标侵权判定标准是必需的。

此外,地理标志的核心价值在于消除消费者与生产者之间的信息不对称现象。因此,当前的首要任务是采取合理措施降低消费者获取信息的成本,以解决地理标志市场中消费者信息不对称的问题,并消除地理标志证明商标所带来的"负外部性"效应。

---

① "名义价格"在此处指销售者收取的价格。
② 此处指"名义价格"和消费者了解商品来源的信息成本的加总。
③ 在市场中,产品之间具有质量差异,但消费者知悉的质量信息少于生产经营者,无法确定商品的品质是否与商品价格匹配,因此倾向于支付市场中商品的平均价格。于是生产成本高、产品质量高的经营者承受亏损,而生产成本低、产品质量低的经营者借此盈利。当优质经营者难以为继、退出市场时,市场中的平均价格会进一步降低,这种逆向选择机制如果继续下去,则长此以往将出现劣等品驱逐优等品的现象。

第一，司法裁判方面。随着法律知识的普及和公众法律意识的提升，社会公众一旦了解到相关侵权案件，往往会主动避免购买涉案产品，这在一定程度上缓解了消费者信息不对称的问题。同时，我们可以考虑在司法裁判中确立更为严格的侵权认定标准，以提高生产者因投机行为而受到惩罚的概率。通过司法手段打击地理标志证明商标的侵权行为，不仅可以起到事后制裁的作用，还能为行为人提供明确的指引，使其认识到侵犯他人商标权的投机行为很可能受到法律的否定性评价，从而自觉规范自己的行为，达到事前预防的效果。这样一来，可以有效减少地理标志领域的投机行为及其带来的"负外部性"。然而，如果仅依赖加大司法裁判的打击力度来解决消费者信息不对称问题，可能会大幅增加司法成本。诉讼成本的增加并不等同于社会正义的增加，反而可能导致社会资源的浪费。

第二，协会治理方面。作为证明商标的持有人，协会应当积极探寻更为高效的方法来减少消费者信息不对称，从而充分发挥地理标志的重要识别功能。具体而言，可以着手建设地理标志产品信息公开平台，并借助区块链技术实现地理标志产品的溯源，以便消费者能够轻松判断所选购的商品是否为真正的地理标志产品。随着消费者判断能力的提升，"搭便车者"将难以生存、无利可图，从而从根本上解决"负外部性"问题。

六、对策建议：对地理标志商标侵权问题的规制

综上所述，本研究小组提出针对地理标志商标侵权问题规制的对策建议，基本框架思路见图 3。

```
                ┌─ 公开透明，减少消费者信息不对称 ┬─ 建立地理标志商标网站，列明授权企业
                │                              └─ 设立防伪标识，精准施策
                │
对策建议 ────────┼─ 追本溯源，提升识别功能 ┬─ 鼓励使用母子商标
                │                        └─ 重视授权企业监管
                │
                │                              ┌─ 发扬枫桥经验，实行源头治理
                └─ 善管善用，政府积极作为 ┬─ 立足实践，创新监管机制 ┤
                                         │                      └─ 因地制宜，具体问题具体分析
                                         └─ 借助现代科技，提升监管效率
```

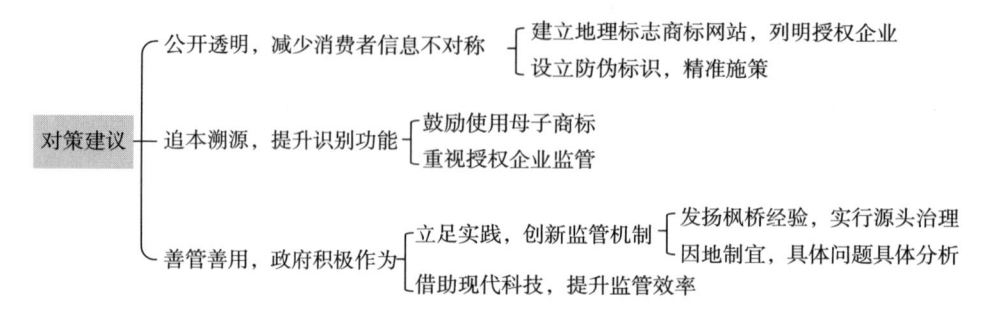

图 3　地理标志商标侵权问题规制对策框架

本文旨在解决"外部性"问题，推动乡村振兴，而"外部性"问题在一定程度上源于消费者信息不对称。这种信息不对称会加剧消费者对产地特定品质的误解，进而影响其购买决策。因此，本文呼吁采取多种措施有效缓解消费者信息不对称的问题，并强化标示对产地等特定品质的识别作用，以降低消费者在辨认过程中消耗的注意力资源。总体上，我们应从根本上减少消费者对产地等特定品质的误认以及商品来源的混淆，从而避免消费者的误购现象。

（一）公开透明，减少消费者信息不对称

根据调查结果分析，消费者对于地理标志商标知之甚少或在购买商品时缺乏关注是造成来源误认的主要原因之一。为从根源上解决地理标志商标侵权问题，注册协会需要加大地理标志商标的公开力度，从而减少消费者信息不对称性。

1. 建立地理标志商标网站，列明授权企业

地理标志商标网站对信息公开起到了重要作用，其不仅可以为消费者提供查询、确认的平台，也可以通过公开协会的规章、活动，起到公众监督的作用。苏州市阳澄湖大闸蟹协会就曾通过设立协会网站公开协会新闻，提供

授权查询、防伪查询、法律法规等信息，提升了其品牌声誉和社会公信力，取得了良好的经济和社会效果，目前该协会尚无侵权诉讼案例，达到了"品牌无诉"的至高境界。

事实证明，对协会而言，信息公开既有利于提升透明度，吸引农民、企业加入；也有利于消费者获取信息，增强辨别力，提升品牌知名度；还有利于协会增强公信力，打响品牌声誉。

2. 设立防伪标识，精准施策

区分商标相近、颜色相同、字体相似的地理标志产品，防伪标志起到了关键作用。通过一物一码，精准溯源治理，可最大限度地减少来源误认。在当前真假难辨的市场中，防伪标识因其成本低、不易篡改、精准有效的特性，使该产品能够与周围其他产品有效区分，从而从源头上制止"搭便车"现象，为消费者防伪辨伪提供便利。

以茅台酒为例，茅台酒市场曾经假货横行，近年来茅台酒厂通过不断改进和优化防伪标识，不但提高了来源辨识度，有效区分了真假产品，达到了标本兼治的效果，而且使商标信誉日益提升，顾客黏性不断增强。

事实上，防伪标签也有助于卖家掌握销售信息，及时调整销售战略，同时制止乱价、溢价现象，提升卖家的信誉。

（二）追本溯源，提升识别功能

追本溯源是指将地理标志商标切分到具体企业、合作社、农民。落实"谁生产谁负责""谁出事谁担责"，形成地理标志领域的"大包干"。这不仅可以明晰权利、义务关系，防止"滥竽充数"现象的发生，也可以让消费者买得明白、用得放心、追责清晰。

地理标志保护调查研究

1. 鼓励使用母子商标

母子商标战略是指在同一产品上注册多个商标,一个是在产品上体现企业形象的母商标,另一个是在产品上使用的子商标。用母商标来建立和提高各种产品的名气,用子商标来暗示特定产品的用途、功能、成分、品质等,二者相得益彰。

地理标志商标产品与普通商标产品不同,其地域性强、范围广,极易陷入千篇一律、吃"大锅饭"的困境,导致良莠不齐,积极性难以调动,创新性难以发挥,母子商标不仅能使销售者充分享受到母商标带来的红利,还可以充分发挥地理标志的多样性,在宣传、定价、销售方面更加灵活,从而实现互利共赢,调动地理标志发展的积极性、主动性、创造性,同时也方便协会进行监管①。

2. 重视对授权企业的监管

地理标志商标大多重注册,轻监管。然而,市场竞争具有残酷性,地理标志如果管理不见效、质量不达标、宣传不到位,最终会被市场淘汰,被消费者抛弃。

因此,协会需要承担监管职责,针对个别企业不合规、不合格的情况应严肃处理,并及时通过新闻发布等形式向公众告知;针对表现优秀的企业也要积极宣传、鼓励,以提高市场知名度,使公众不仅知晓、了解地理标志商标,也知晓驰名企业。消费者在购买时看的是地理标志,信的是企业声誉,选的是企业产品,协会重视对授权企业的监管,有助于从根本上实现责任到个体、好处到个体,切切实实管好、用好地理标志。

---

① 以凤庆滇红茶为例,凤庆滇红茶借助地理标志换标工作的契机,采用"母子商标"的模式对企业产品进行品牌营销。这一举措不仅树立了保护原产地和凤庆滇红茶特色产品的强烈意识,还促进了品牌间的共用、共生、共荣,为凤庆滇红茶产业的健康发展注入了强劲动力。

（三）善管善用，政府积极作为

习近平总书记强调，要准确定位和把握市场在资源配置中的决定性作用以及更好发挥政府作用，必须正确认识市场作用和政府作用的关系。政府和市场的关系，是我国经济体制改革的核心问题。

在地理标志监管领域，地方政府既要尊重市场规律，充分发挥企业的自主性，又要强化服务意识，善于管理和利用资源，积极作为，以充分发挥社会主义制度能够集中力量办大事的优势。

1. 立足实践，创新监管机制

（1）强化源头治理，发扬"枫桥经验"，学习"发动和依靠群众，坚持矛盾不上交，就地解决，实现捕人少、治安好"的成功实践。在地理标志监管领域，前端监管的疏漏常易引发连锁反应，给后续补救工作带来巨大挑战。政府应重视从源头入手解决问题，既要消除已出现的问题，也要预防潜在的风险。实践中，部分地区过于强调查处侵权数量的指标，大肆宣扬，甚至以此为荣，这实际上是本末倒置，忽视了问题的本质。唯有充分发动并依靠群众，从源头上着手，方能以最小的成本取得最大的成效，真正推动地理标志的稳健长远发展。

（2）因地制宜，实施差异化监管策略我国地域辽阔，资源丰富，各地因历史和现实条件的差异，地理标志的数量和发展水平参差不齐。在监管工作中，盲目推行"一刀切"的机械主义和教条主义是行不通的。必须因地制宜，根据不同地理标志的实际情况，制定一品一策，实施精细化管理。在地理标志数量较多的地区，应侧重提质增效，加强品牌影响力的建设；而在地理标志数量相对较少的地区，则应着重于品牌培育，助力地理标志茁壮成长。

2. 借助现代科技，提升监管效率

现代科技为地理标志的高质量精细化管理提供了有力支撑。以西湖龙井为例，近年来，杭州市充分利用大数据、物联网、区块链等数字化技术的优势，推出了西湖龙井茶数字化管理系统，对西湖龙井茶保护基地内的茶农和茶企实施了全面的数字化管理。在侵权预防方面，协会通过"茶农通"微信小程序，为每户茶农和茶企建立了独立的电子账户，实现了实名制管理。由此可见，积极运用现代科学技术，对于提升监管效率、加强地理标志商标侵权规制具有深远的意义。

参考文献

[1] 冯术杰. 论地理标志的法律性质、功能与侵权认定 [J]. 知识产权，2017 (8): 3-10.

[2] 管育鹰. 我国地理标志保护中的疑难问题探讨 [J]. 知识产权，2022 (4): 3-17.

[3] 郭禾. 我国地理标志保护制度发展的应然进路 [J]. 知识产权，2022 (8): 3-14.

[4] 贺祥民. 农产品地理标志制度的经济学实质 [J]. 兰州商学院学报，2010 (3): 46-51.

[5] 孔祥俊. 商标法：原理与判例 [M]. 北京：法律出版社，2021: 652-712.

[6] 李功奎，应瑞瑶. "柠檬市场"与制度安排：一个关于农产品质量安全保障的分析框架 [J]. 农业技术经济，2004 (3): 15-20.

[7] 林秀芹，孙智. 我国地理标志法律保护的困境及出路 [J]. 云南师范大学学报（哲学社会科学版），2020 (52): 49-61.

[8] 刘成伟. 加强地理标志的商标保护 [J]. 知识产权，2002 (2): 34-37.

[9] 刘春田. 知识产权法：5 版 [M]. 北京：中国人民大学出版社，2014：236.

[10] 刘丽. 基于产业集群的农产品地理标志促进区域经济发展：以辽宁省为例 [J]. 江苏农业科学，2017（4）：282-284.

[11] 刘素芳，秦其文. 地理标志农产品对乡村振兴的推动路径研究 [J]. 农业经济，2021（4）：141-142.

[12] 马孟驰飞. 商标授权确权中混淆可能性与近似判断的关系 [J]. 中华商标，2021（11）：64-66.

[13] 万紫嫣. 茶类地理标志保护问题与解决路径探究 [J]. 农业农村部管理干部学院学报，2019（3）：68-72.

[14] 王国柱. 论商标故意侵权的体系化规制 [J]. 东方法学，2020（5）：140-150.

[15] 王捷. 地理标志的"前世今生" [J]. 中华商标，2017（4）：61-63.

[16] 王笑冰. 地理标志的经济分析 [J]. 知识产权，2005，15（5）：20-26.

[17] 沈满洪，何灵巧. 外部性的分类及外部性理论的演化 [J]. 浙江大学学报（人文社会科学版），2002，32（1）：152-160.

[18] 宋亦淼. 地理标志证明商标侵权认定问题研究 [J]. 科技促进发展，2017（13）：686-691.

[19] 苏志甫. 地理标志证明商标司法保护中的侵权判定标准：评析五常市大米协会诉李贵同、北京金利兴盛粮油商贸有限公司侵害商标权纠纷案 [J]. 中华商标，2016（1）：30-36.

[20] 孙山. 法益保护说视角下知识产权法的概念还原与体系整合 [J]. 浙江学刊，2021（4）：85-94.

[21] 汤志娟，王端端. 民事支持起诉保护地理标志集体商标案 [J]. 中国检察官，2023（4）：63-66.

[22] 姚鹤徽. 论显著性在商标侵权判定中的作用：基于消费者心理认知的考察 [J]. 兰州学刊，2018（7）：153-167.

[23] 姚鹤徽. 商标混淆可能性的概念澄清与制度反思［J］. 兰州学刊，2019（8）：81-93.

[24] 张玲玲. 侵害证明商标专用权的司法判定：杭州市西湖区龙井茶产业协会诉北京聚天茗茶业有限公司侵害商标权纠纷案［J］. 中华商标，2016（4）：97-101.

[25] 张玉敏. 维护公平竞争是商标法的根本宗旨：以《商标法》修改为视角［J］. 法学论坛，2008（2）：30-36.

[26] 张志成. 地理标志保护的法理基础及相关问题研究［J］. 中国政法大学学报，2022（6）：171-182.

[27] 赵鼎新. 集体行动、搭便车理论与形式社会学方法［J］. 社会学研究，2006（1）：1-21.

[28] Chung R H，Kim B S，Abreu J M. Asian American Multidimensional Acculturation Scale：Development，Factor Analysis，Reliability，and Validity［J］. Cultural Diversity and Ethnic Minority Psychology，2004，10（1）：66-80.

[29] 理查德·A. 波斯纳. 法律的经济分析：7版［M］. 蒋兆康，译. 北京：法律出版社，2012：51-63.

[30] Jacob Jacoby. The Psychological Foundations of Trademark Law：Secondary Meaning，Genericism，Fame，Confusion and Dilution［J］. The Trademark Reporter，2001：91.

[31] Richard L. Kirkpatrick. Likelyhood of Confusion in Trademark Law，SPractising Law lnstitute，2010：1-2.

[32] 国家知识产权局. 国内外优势企业商标战略模式分析及启示［EB/OL］.（2015-05-25）［2023-10-20］. https://www.cnipa.gov.cn/art/2015/5/25/art_1415_133153.html.

附录一：法官访谈

1. 请问目前关于地理标志侵权认定的裁判思路大概是什么？如果认定为侵权需要哪些说理依据呢？

在处理涉及地理标志（包括集体商标和证明商标）的侵权纠纷时，我们可以分步骤来判定侵权行为是否成立。第一步是判断相关使用行为是否符合正当使用的标准。如果某项使用行为不符合正当使用的条件，那么我们就进入第二步，即评估该行为是否构成商标近似，并且是否引发了消费者的混淆和误认。在进行地理标志的侵权认定时，合理论证正当使用的情形以及正确应用混淆理论，都是说理论证过程中需要特别关注的事项。

鉴于地理标志本质上仍为一种特殊类型的商标，故在判断相关使用行为是否符合正当使用规则时，可参考商标权侵权诉讼中的相关规则。在判定正当使用（合法来源）抗辩是否成立时，除了需要对进货凭证、进货单据，实际支付凭证、完税发票等进行详细审查之外，还要对被控侵权者主观上是否明知进行判断。如果权利人的地理标志知名度较高，结合其他证据可以推定被控侵权者主观上明知其销售的是侵权产品，则对其正当使用（合法来源）抗辩不予认定。

2. 我们发现法官在裁判时一般要比对权利商标与被诉侵权标识是否构成相同或近似，在构成近似的情况下还需要判断是否可能造成相关公众的混淆和误认。

①您认为认定标识近似需要比对什么呢？（是注重组合图形的标识，还是

文字，抑或是整体的外观？)

在实务中，应当本着具体问题具体分析的原则，把握权利商标（地理标志）的主要识别特征，比对被诉侵权标识所欲引起混淆或者意欲引人误认的突出特征，判断标识是否达到近似的程度。依据我国的基本国情和民众思维，汉字的书写或者表达在商标构成中至为关键，故对于社会公众一般认识的把握，应当立足于商标中的文字部分，若是存在内容、读音、文义、排序等相同、相似或者近似之情形，足以使相关公众产生混淆或误认，则可以认定为构成近似商标。

②在裁判过程中，消费者效果也是认定侵权的必备要件吗？（只有在会造成消费者对商品来源或产地品质误解的情况下才可能构成侵权）

严格来说，此处所指的消费者效果，应是被诉侵权标识和权利商标构成相同或近似，从而可能造成相关公众混淆和误认的结果，其标准并不明朗。通常来说，和民法侵权领域中的"常人"（和受害人基本条件类似的人群）概念类似，在地理标志侵权认定中，也是将具有消费行为或者存在消费欲望/可能的社会公众，作为对被诉侵权标识和权利商标是否构成相同或近似的识别群体。所以，在侵权认定（成立与否）方面，其并不作为特别显著的判断因素。

③法官在裁判时会区分混淆可能性和产地误认这两个概念吗？更倾向于使用什么裁判标准呢？

其实，混淆可能性和产地误认，恰是一枚硬币的两面，两者实质上都是针对地理标志商标侵权行为而言的。在实践中，面对同一侵权行为，不同法官可能会依据各自的标准作出判断。对于侵权行为人而言，其主观上的种种举动往往可被视为具有混淆意图的行为表现；而对于相关公众（包括消费者）来说，他们客观上可能因受到混淆行为的影响，从而在商品来源的认知上产生混淆或误认。

从客观角度分析，侵权行为人采取的混淆行为（表现为相同或近似）会依据权利商标所处的商品/服务行业及其目标消费者群体的特征（涵盖潜在消费者的知识水平、社会阶层和消费习惯等）而在具体形式上有所差异。但值得注意的是，这些混淆行为主要聚焦于对权利商标本身的篡改或模仿，即依据权利商标的显著特征来设计或改造被诉侵权标识。毕竟，权利商标背后所代表的商业价值和潜在收益是侵权行为人觊觎的目标。

此外，在审视地理标志侵权行为时，消费场所也是一个不容忽视的因素。被诉侵权标识是否置于对应的消费场所，虽然不影响侵权行为的认定，但却在侵权赔偿的裁判中发挥着重要作用。

在实际效果方面，此类行为既可能导致消费者对商品来源的混淆，也可能引发对产地和品质的误认。若要在混淆和误认之间作出选择，后者可能更贴近受众的实际感受。然而，在具体选择判断标准时，仍需综合考虑其他相关因素，因此难以一概而论。不过，无论是混淆还是误认，它们都直接关联着消费者的最终选择，并可能引发消费环节中的错误判断，进而造成侵权损失。

3. 商标的知名度以及地理标志所在地区的知名度会对侵权认定标准的选择、裁判结果和赔偿数额有什么影响吗？

商标的知名度以及地理标志所在地区的知名度，在侵权认定、裁判结果及赔偿数额的确定上，无疑会产生显著影响。遵循最严格知识产权司法保护的原则，当地理标志商标的知名度及其所在地区的知名度较高时，宏观政策的支持力度往往更为坚实，受害人的维权意识和举证能力也相应增强。

首先，在赔偿数额的确定方面，若原商标知名度较高，消费者购买的可能性增大，因此侵权行为对商标权人造成的损失也更为严重。在受害人难以举证侵权行为人因侵权行为获利的具体数额时，法院往往会依据法定赔偿方式，并参考同类案件或既往裁判规则，倾向于加大侵权人的赔偿力度，以充分保护商标权人的合法权益。

其次，在侵权认定方面，对于被诉侵权标识与权利商标是否构成相同或近似的判断，相较于知名度较低的地理标志商标，法院在尺度的把握上可能会更为宽松。这是因为高知名度的商标往往具有更强的显著性和识别性，消费者对其的认知度和信任度也更高。因此，即使被诉侵权标识与权利商标在细节上存在差异，但若足以引起消费者的混淆或误认，法院仍可能认定其构成侵权。

综上所述，商标的知名度以及地理标志所在地区的知名度在侵权纠纷的处理中扮演着重要角色，对侵权认定、裁判结果及赔偿数额的确定均产生深远影响。

4. 您认为采取上述两个不同的标准，即混淆可能性或产地误认，可能会对地理标志整体的发展带来什么不同的影响吗？您认为哪个更有利于规范行业发展呢？

在地理标志侵权的认定过程中，混淆可能性和产地误认这两个标准往往被结合使用，共同作为判断侵权行为是否成立的重要依据。然而，若深入探究这两个标准各自可能带来的影响，我们会发现它们对地理标志整体的发展有着不同的潜在效应。

若以混淆可能性作为主流标准，这一标准倾向于扩大地理标志商标的侵权认定范围。从地理标志权利人的角度来看，这有利于他们维护自身的合法权益，防止消费者因混淆而做出错误选择，从而保障地理标志商品或服务的独特性和市场价值。然而，从长远来看，过于严格的侵权认定标准可能会对地理标志商品或服务的创新产生一定的抑制作用，因为商家在推出新产品或新服务时可能会面临更高的法律风险。

相反，若以产地误认作为主流标准，这一标准则可能倾向于缩小地理标志商标的侵权认定范围。虽然这在一定程度上可能对地理标志权利人构成一定的不利，但客观上却有助于推动地理标志商品或服务的市场推广和相关就业。特别是在那些科技含量较高或有利于提升就业的行业中，采取这一标准可能更为适宜，因为它能够在保护地理标志的同时，促进相关行业的健康发展。

混淆可能性和产地误认这两个标准各有利弊，对地理标志整体的发展有着不同的潜在影响。在选择适用哪个标准时，应综合考虑行业特点、市场需求以及法律政策等因素，以期在保护地理标志权利人和促进相关行业发展之间找到最佳的平衡点。因此，无法一概而论哪个标准更有利于规范行业发展，而是需要根据具体情况进行灵活选择和适用。

5. 您认为什么才算地理标志的正当使用呢？

对于正当使用情形，只有在产品源自特定区域、产品具有特定品质（制作过程、使用技法、品质呈现等）两种情形下，方能适用正当使用，至于经营者是否来自特定区域，则在所不问。否则，极易造成相关市场秩序的混乱，也会导致诱发道德风险。

一般而言，源自特定区域、具有特定品质应是并列关系，产品/服务应当同时具备这两种特征，才能成立正当使用。然而，实务中，也有观点认为，为了限缩地理标志的权利边界，可将这两种特征设为择一而非并列的。对此，反对观点认为，考察地理标志的渊源，断不能将此两种特征割裂。前已述及，若为传承（保守），则应并列，若为创新（技术、就业），则宜择一。

6. 您认为现有的地理标志的司法裁判以及立法、政策有哪些优点和不足，以及面临哪些难题？

尽管我的发言权有限，但基于对一些典型案例，如2021年的"逍遥镇胡辣汤"、"潼关肉夹馍"以及"库尔勒香梨"等商标维权案件的观察，我仍想分享一些直观感受。这些案件中的行政执法、司法裁判以及公众反应，似乎都在昭示着宏观政策正逐步完善，对地理标志产品/服务及其商标/品牌权利人的保护日益规范化。值得注意的是，裁判规则似乎呈现出从"混淆"主导逐渐转向"产地误认"主导的趋势。

这一转变，在我看来，对于促进技术创新、提升产品品质以及扩大就业都具有积极意义。它不仅能够更好地保护地理标志权利人的合法权益，还能在一定程度上激发相关行业的创新活力，推动整个行业的健康发展。此外，这种趋势也与世界上多数国家地理标志保护的主流做法相契合。

当然，以上仅为我的个人见解，可能存在片面之处。在专家面前班门弄斧，难免贻笑大方。如有不当之处，恳请各位批评指正。

附录二：消费者访谈

访谈 A

1. 你是否购买过地理标志产品，如阳澄湖大闸蟹？
购买过。

2. 你在购买地理标志产品时，有没有觉得很难辨识真伪？
辨识真伪确实存在一定难度。

3. 在辨认真伪的过程中，你更倾向于考察哪些因素？
在辨认真伪时，我倾向于信任专卖店或线上旗舰店销售的产品。若是在普通商店购买，我会关注包装上的产地等信息。

4. 在辨认真伪的过程中，你最在意的因素是什么？
我最在意的因素是包装的正规性、有无防伪标识、产品产地，以及店铺的规模和正规程度。

5. 在辨认真伪的过程中，你觉得哪个因素的判断给你带来的困难最大？为什么？

我认为判断产品本身品质（包括是否当季、是否产自当地、是否以次充好）较为困难。作为外地人，往往只知其名而不知其实，因此有明确二维码等防伪标志的产品更让人放心。没有防伪标志的，我会综合考察产地等因素进行判断。

访谈 B

1. 你是否购买过地理标志产品,如阳澄湖大闸蟹?
答:买过。

2. 你在购买地理标志产品时,有没有觉得很难辨识真伪?
感觉难度还好。

3. 在辨认真伪的过程中,你会更倾向于考察哪些因素?
现在许多好评不太可信,我通常会关注产地信息,或者网购时查看商家是否有证书等。但证书的真实性我也难以判断。真要自己判断真伪,我会看店铺信誉、店铺所在地是否与产品相关,以及包装是否靠谱等。

4. 在辨认真伪的过程中,你最在意的因素是什么?
刚刚提到的因素我都挺在意的,需要综合考虑。

5. 在辨认真伪的过程中,你觉得哪个因素的判断给你带来的困难最大?为什么?
证书和商标等信息的判断较为困难,因为即使看了也不知道是否真实。很多图片模糊,让人感觉不靠谱。相比之下,包装上标的产地、质检等信息相对来说更有说服力。

访谈 C

1. 你是否购买过地理标志产品，如阳澄湖大闸蟹？

购买过。我去景德镇旅游时买过景德镇的陶瓷杯子，还买过库尔勒香梨和阳澄湖大闸蟹。感觉这些产品会有不一样的品质。

2. 你在购买地理标志产品时，有没有觉得很难辨识真伪？

不太有印象，因为最后我也不知道自己是否真的买到了真货。

3. 在辨认真伪的时候，你更倾向于考察哪些因素？

这要看是线上购买还是线下购买。线下的话，我一般会看看商品后面写的产地是哪里，是否与地理标志所在地相符，同时也会综合考虑商品的价格、售卖位置等因素。如果经常买的话，我基本上能记住包装袋的样子，并主要关注产地。线上的话，我会考虑得更多一些，通常会查看店铺的口碑，考察销量和好评数量，还会看看供应商的位置以及发货地点。

4. 在辨认真伪的时候，你最在意的因素是什么？

如果是地理标志产品，我肯定更在意它是否来自那个特定的产地，因为这能比较直观地辨别真伪。

5. 在辨认真伪的时候，你觉得哪个因素的判断给你带来的困难最大？为什么？

产品质量吧。因为没有确定的标准来衡量它是否达到了地理标志产品的质量要求。

访谈 D

1. 你是否购买过地理标志产品，如阳澄湖大闸蟹？

记不清了，可能购买过吧，荔浦芋头算吗？还有大兴西瓜之类的。

2. 你在购买地理标志产品时，有没有觉得很难辨识真伪？

应该有吧，荔浦芋头每家超市里都有，谁知道是不是真的。

3. 在辨认真伪的时候，您更倾向于考察哪些因素？如商品是什么地方卖的，通过好评数量等考察商品的质量如何，看商品供应商资质，还是一些其他因素？

我会综合考虑销量、价格、好评量和差评数。

4. 在辨认真伪的时候，您最在意的因素是什么？

我最在意的是价格和差评数。同时，我也会查看产地信息。在拼多多购物时，我曾见到有卖家展示自己的身份证来证明产地，这让我觉得比较可靠。

5. 在辨认真伪的时候，您觉得哪个因素的判断给您带来的困难最大？为什么？

对于哪个因素判断真伪最困难，我不太能确定。

访谈 E

1. 你是否购买过地理标志产品，如阳澄湖大闸蟹？

什么是地理标志产品？（解释）感觉好像买过……让我想想……咖啡豆算吗？云南的。但是我父母肯定买过，他们会关注网上的旗舰店然后购买。

2. 你在购买地理标志产品时，有没有觉得很难辨识真伪？

还好，没有特别觉得难以辨识真伪。因为购买这类产品时，总能找到销量大、评价好的店铺，还有抖音直播等渠道可以参考。这些店铺通常会展示工厂照片、资格证明等，让人感觉比较靠谱。我认为在淘宝这样的大型电商平台上，不太可能出现不靠谱的店铺。不过，我一般不会选择在拼多多购买，感觉平台的权威性以及资质筛选方面可能做得不够完善。我通常不会在线下购买，因为感觉线下的监管可能没有线上严格，容易遇到假货。

3. 在辨认真伪的时候，您更倾向于考察哪些因素？如商品是什么地方卖的，通过好评数量等考察商品的质量如何，看商品供应商资质，还是一些其他因素？

（包含在上题中）

4. 在辨认真伪的时候，您最在意的因素是什么？

一是看店家资质（是否为旗舰店）；二是看发货产地和厂商位置。

5. 在辨认真伪的时候，您觉得哪个因素的判断给您带来的困难最大？为什么？

主要还是商家究竟是否真正来自产地这一点。这包括商家的发货地以及他们提供的工厂线下照片和视频等信息。此外，对于各种证明文件，也很难判断其真实性和颁发机构的权威性，有时会遇到一些不明来源或信誉不佳的颁发机构。

访谈 F

1. 你是否购买过地理标志产品，如阳澄湖大闸蟹？

购买过。

2 你在购买地理标志产品时，有没有觉得很难辨识真伪？

确实，很难判断是不是真的，现在的假冒伪劣产品太多了。

3. 在辨认真伪的时候，您更倾向于考察哪些因素？如商品是什么地方卖的，通过好评数量等考察商品的质量如何，看商品供应商资质，还是一些其他因素？

我会选择从线下购买，因为我觉得茶行、酒行等专业店铺更为可靠。观察店铺的销量、装潢以及整体价格水平，如果老板给人的感觉也比较可靠，那么就更增加了我购买的信心。相比之下，线上的信息较为繁杂，很多商家都声称自己是正品。

4. 在辨认真伪的时候，您最在意的因素是什么？

在辨认真伪时，我最在意的因素是综合考量商品的外观、标识和产地。产地因素尤为重要。尽管标识等信息也能提供一定参考，但鉴于其在技术上较易被伪造，尤其是在线上购物环境中，仅依赖标识反而可能干扰判断。相比之下，产地的真实性更具说服力，因此我会优先关注商品的产地信息，同时结合店铺的其他产品是否从整体上给人可靠的印象，以此再作出更准确的判断。

5. 在辨认真伪的时候，您觉得哪个因素的判断，给您带来的困难最大？为什么？

在辨认真伪时，我认为最具挑战性的因素是商品本身的质量。当前市场上假冒伪劣产品层出不穷，仅从外观很难准确判断其真伪，也缺乏具体的衡量标准。标识虽然可以提供一定线索，但造假现象较为普遍，难以作为可靠的判断依据。产地信息虽然相对容易辨认，但即便产地正确，也不能完全保证商品的质量与预期相符。总体而言，我感到自己在这方面的知识储备较为匮乏，只能依赖产地信息来建立一定的信任。如果产地无误，我会相对放心一些，但这并不能完全消除对商品质量的疑虑。

农产品地理标志运用问题及对策研究

——以重庆市石柱县中益蜂蜜为例*

一、绪论

(一) 研究背景

党的二十大报告提出,要"坚持农业农村优先发展,巩固拓展脱贫攻坚成果,加快建设农业强国"。随着我国步入发展新阶段,党和国家进一步认识到乡村发展的重要价值,"三农"工作的重点逐步转移至乡村振兴,致力于加快建设现代化农业强国。《知识产权强国建设纲要和"十四五"规划实施年度推进计划》中指出,要加强知识产权综合运用,启动实施地理标志助力乡村振兴行动。2021年7月,"地理标志农产品保护工程项目"首次被纳入《国家知识产权局关于组织开展地理标志助力乡村振兴行动的通知》。为推动国家农业发展,2021年年底,国家知识产权局关于"地理标志保护工程"的有关规定得到了落实。而农产品地理标志作为一种独特的品牌,源于各地区的历

---

* 秦铁瑜、谭旭东,重庆理工大学重庆知识产权学院知识产权专业2021级本科生;邬兴东,重庆理工大学重庆知识产权学院电子商务及法律专业2021级本科生;罗亚林,重庆理工大学重庆知识产权学院知识产权专业2022级本科生。

史、文化、价值观等，其影响力不可低估。充分发挥好地理标志较强的市场竞争优势，有利于促使当地经济实现可持续高质量发展，从而推动国家乡村振兴。截至2023年年底，我国累计批准保护地理标志产品2508个，累计核准地理标志作为集体商标、证明商标注册7277件，地理标志体系也得到全面推广，这为农业的可持续发展提供了强有力的支撑。

近年来，石柱县紧紧围绕习近平总书记关于"三农"的指示，积极投身农村复兴的规划落实，努力将脱贫攻坚的成果与乡村发展紧密结合，加快推动农业农村现代化。2018年6月22日"中益蜂蜜"地理标志商标成功注册。石柱县政府利用当地优良的自然环境以及丰富的养殖资源，着力推动蜜蜂养殖业，并以建设中华蜜蜂产业园等形式促进了当地经济的可持续发展，实现了贫困农民的脱贫致富。经过多年的努力，"优质溯源蜂产品标识准用证"——星级蜂蜜的认证，使中益土蜂蜜脱颖而出，荣膺五星级蜜。

石柱县中益乡凭借其地理条件优越，其封盖成熟的土蜂蜜，口味独特，营养丰富。但由于农户们对"中益蜂蜜"地理标志的运用意识不足，因此其在全国的知名度还不够。村民们通常只要价格合适就会卖出，而不能与地理标志紧密联合发展，导致该地理标志尚不能发挥出其在乡村振兴中的最大作用。

（二）研究目的

为解决地理标志"重申报，轻使用"的问题，促进地理标志更好地发展，本研究以地理标志农产品——中益蜂蜜为研究对象，分别从地理标志使用主体视角和使用管理视角对其运用困境及原因进行深度探寻，并针对这些问题分别提出治理对策，以提高地理标志产品的知名度和市场竞争力，希望能够给全国各地农产品地理标志的运用及治理带来一些启示。

（三）研究意义

随着全国经济的发展，地理标志产品的产值已达到数万亿元，这已成为许多地方促进当地特色产业的一条重要道路。运用好地理标志，可以确保农产品具备良好的质量，以提升市场竞争力，使它们获得认可并收获较好的信誉，从而推动产业的发展，让农民获得丰厚的回报。同时，这些地理标志也为农业产业注入了鲜明的特色，为投资和创造财富提供了机遇，推动了区域经济发展，也为构建和谐美丽的社会主义新农村作出了贡献。通过对地理标志的调研，了解区域地理标志运用的困境，并提出切实有效的措施，以促进地理标志发展，打造具有全国声誉的地理标志品牌。

（四）研究方法

1. 深度访谈

调研队伍前往石柱县中益乡农业服务中心，期间通过深度访谈的形式，针对"中益蜂蜜"地理标志证明商标的管理使用、标准制定、保护推广等问题，与服务中心张杰老师展开了面对面的交谈。在交谈中，队伍成员了解到中益蜂蜜的悠久历史、产品特色、产业规模、产业周边以及中益蜂蜜地理标志的运用现状和经济价值等内容。

2. 参与式观察

调研队伍走进重庆市蜂产业技术体系中蜂标准化养殖示范场，开展了对中益乡地理标志产品——中益蜂蜜的实地调研。调研期间，在凯顺养蜂公司负责人陈小平的带领下，队伍成员们实地观摩了养殖基地，并通过亲身参与的方式，进一步了解到中益蜂蜜蜂种、蜜源、蜂群、蜂箱的特点以及它的养殖模式、生产规模和生产利润等。

二、中益蜂蜜基本情况

（一）自然环境

石柱县中益乡位于北纬30°，地处黄水国家森林公园核心景区大风堡脚下。辖区海拔为1000~1500米，林地面积14113公顷，拥有森林覆盖率高、生态环境优良、蜜源植物种类多、饲养蜜蜂历史悠久等绝佳的养蜂条件。且气候适宜，冬无严寒、夏无酷暑，气候温和，无霜期长，雨量、光照充足，适宜各种蜜粉植物的生长，野山花、油菜花、梨花等蜜粉资源十分丰富，四季不断，蜜源植物种类达30余种，非常适宜蜜蜂的养殖繁育。中益乡森林覆盖率达60%，林木覆盖率高达88%，是石柱县唯一被重庆市林业和草原局命名的林业特色乡镇。

（二）人文传统

石柱县当地有着很悠久的养蜂历史传统，在合作社没有成立之前部分农户家已小规模地养殖中蜂。中益乡蜜蜂的养殖历史始于1820年，距今已有200多年的历史。2018年，当地政府发现该地具有养殖中蜂的绝佳自然条件，于是便提出了农旅相结合的发展思路，决定大力发展中蜂产业，并打造了中华蜜蜂产业园。政府专门邀请了技术专家对当地蜂农进行培训，以丰富养殖技术，并通过建立星级评定激励机制吸引更多农户养蜂。

（三）中益蜂蜜产业基本现状

1. 蜂种及环境的选择

蜜蜂品种、蜜蜂养殖场地的选择对蜂蜜的产量和质量都起到很关键的作用。在实地调研过程中，实践团了解到中益蜂蜜专业合作社的蜜蜂品种选择的全部是石柱本地的抗寒抗暑力极强，飞行能力、抗病能力强，嗅觉极为灵敏的善于采集种类多而零星分散蜜粉源的中华蜜蜂（又称中蜂）。中蜂对很多植物的繁衍授粉以及对于生态环境的保护都有着重大的意义。

实践团在前往石柱县中蜂标准示范场时"一路向上"，因示范场建在海拔较高的"无人区"。据中益乡农业服务中心工作人员介绍，高品质蜂蜜生产基地的选择很有讲究，必须有符合蜜蜂自然生长环境的好山和好水，最好是选择海拔较高、人烟稀少的地方。因为在这样更接近蜜蜂生长的原始环境的地方，蜜蜂的生长活动才不容易受到干扰，有了好的蜜源和好的水质，蜂蜜的品质就更高。

2. 数量规模及发展规划

截至 2021 年 5 月，石柱县中蜂产业已经覆盖到每一个乡镇，中蜂产业规模达到 13.8 万群，建成保种场 2 个、良繁场 2 个、标准化示范场 23 个，培育蜂蜜加工企业 4 家，年产蜂蜜 690 吨，综合产值达 5.2 亿元，带动 1000 余户贫困户年均增收 1.2 万元。[1] 就石柱县中益乡而言，除 2021 年、2022 年的蜂群数量和产值受到开花期连续降雨或持续干旱等气候因素的影响外，2023 年峰群数量已达 10000 群，产值达 850 万元（见图 1、图 2）。

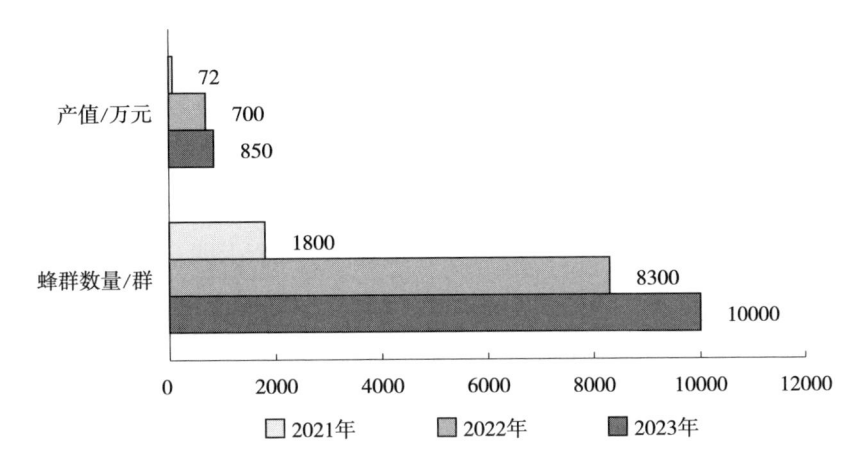

图 1 2021—2023 年石柱县中益乡中蜂蜂群与产值发展情况对比

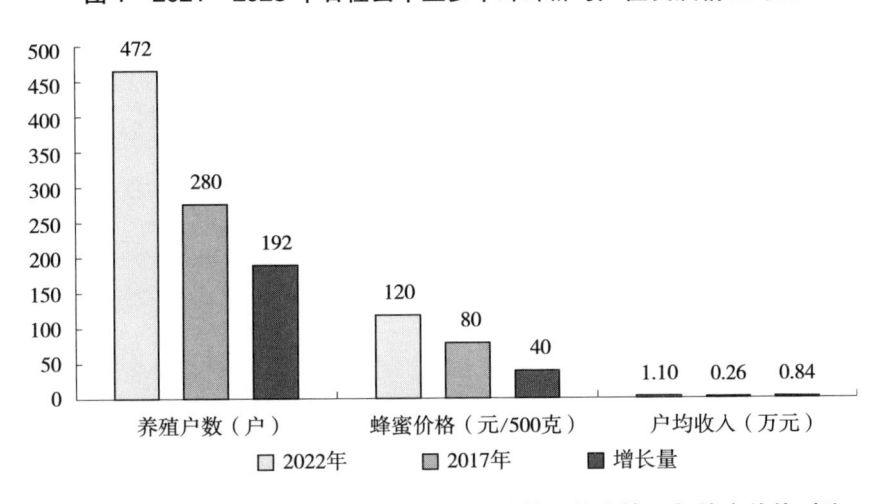

图 2 2022 年与 2017 年石柱县中益乡中蜂养殖基本情况与蜂蜜价格对比

下一步石柱县将以中益乡为核心向周边乡镇辐射以进一步发展壮大中蜂产业，创建"中国养蜂大县"，着力打造"市级康养消费品特色产业示范基地"，为如期建成"全国生态康养胜地"提供有力支撑。以推动农民增收致富为着力点和出发点，将中蜂产业发展成现代山地特色高效农业"4 个 30 万"工程的重要支撑，把"养殖 30 万群中蜂、建设 10 亿级中蜂产业集群"作为发展目标，充分发挥石柱县优质的生态资源优势，形成具有自我蜜源培植、标准化养殖技术、多种产业融合、产品精深加工、自我品牌创建以及产品营销的完整产业链。

3. 生产流通情况

对于中益蜂蜜的加工，石柱县计划大致分为两个步骤，第一步计划在中益乡建设大约1200平方米的加工厂房用于蜂蜜的粗加工，第二步计划在县城改建大约3000平方米的加工厂房对蜂蜜进行进一步精加工处理（图3为中益蜂蜜的生产流程）。在蜂蜜产品的包装设计上，结合了当地野生中益蜂蜜所具有的特征和具有土家风情的一些特色元素以体现石柱特色。

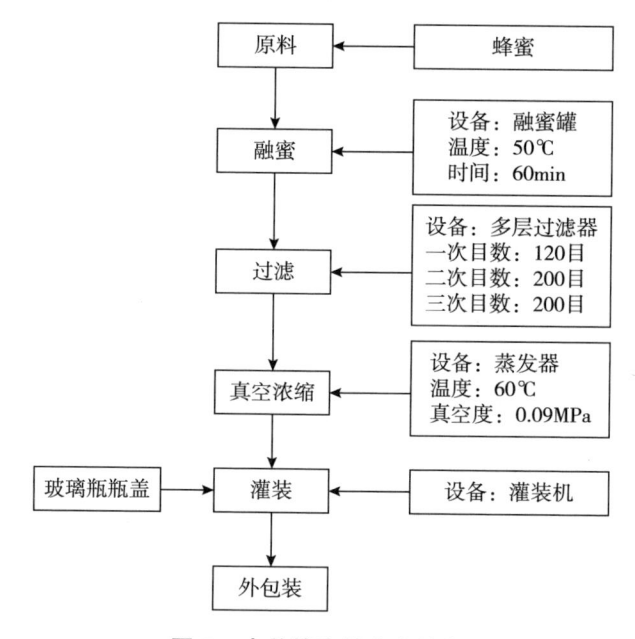

图3 中益蜂蜜的生产流程

在产品的销售上，中益蜂蜜采用线上线下相结合的销售方式。一方面，近些年来很火的直播带货让中益蜂蜜成功"出圈"。当地设有专门的直播培训机构对养殖户们进行定期的培训，在多个平台上面设立扶贫馆来销售蜂蜜。另一方面，他们探索出了认养蜜蜂的商业模式，开发了网上认养平台，进行网上运营和维护。客户可以通过微信小程序"我的蜜平方"在线上选择所要认养的蜜蜂蜂场、对接的相关技术人员以及想要认养的蜜蜂蜂群。认养完成后，消费者通过手机监控画面就可以实时看到蜂群的情况，包括蜂场的天气、温度、环境、蜜蜂采蜜、技术人员采蜜等过程，从而做到随时随地都能"养蜂"。

4. 品质特征

石柱县中益乡绝佳的自然地理条件和优势，使得封盖成熟的土蜂蜜蜜色深黄，口味独特，香味醇厚，营养丰富，为《本草纲目》记述之蜂蜜，亦为入药之首选蜂蜜，药用价值极高，具有润肠、润肺、解毒、养颜、增强人体免疫力等功效。中益土蜂蜜质地黏稠，具有拉丝不断的特点，尝起来清甜不腻，闻起来有一股淡淡的花香和药香。

中蜂养殖有七大黄金指标，分别是纬度 28°N—38°N、海拔 1000~3000 米、相对湿度保持在 70%~80%、全年光照时间长、稳定且适宜的温度、山地地形、生态环境良好。另外，要养出好的蜂蜜，取蜜也是关键。公司和合作社规范了取蜜的流程，坚持手工取成熟的封盖蜜，并保持取蜜工具的干净卫生。同时，建立养殖户诚信档案，对每一个养殖户所提供的蜂蜜都保留档案，确保蜂蜜 100% 纯正，杜绝蜂蜜掺假。

5. 所获荣誉

石柱县曾获得"全国养蜂精准扶贫县""全国蜂业优秀之乡"等诸多荣誉。2020 年 8 月，"蜂与自然"中益蜂蜜成为重庆市唯一一个获得"优质溯源蜂产品标志准用证"的蜂产品，这也标志着中益蜂蜜进入了全国优质蜂产品的行列。紧接着，2021 年 5 月 20 日，中国蜂业协会授予石柱中益"中华蜜蜂小镇"的称号。2023 年 1 月上旬，"蜂与自然"品牌系列的黄连花蜜在中国蜂业协会举办的星级蜂蜜评选活动中，各项指标全部达标，被评选为五星蜜，勇夺全国蜂蜜质量桂冠。正是因为他们对自然之道的严格遵循、对养殖环境的精益求精、对蜂蜜质量的层层把关才会有这么多优质的产品可以送达消费者手中（图4为中益蜂蜜发展历程）。

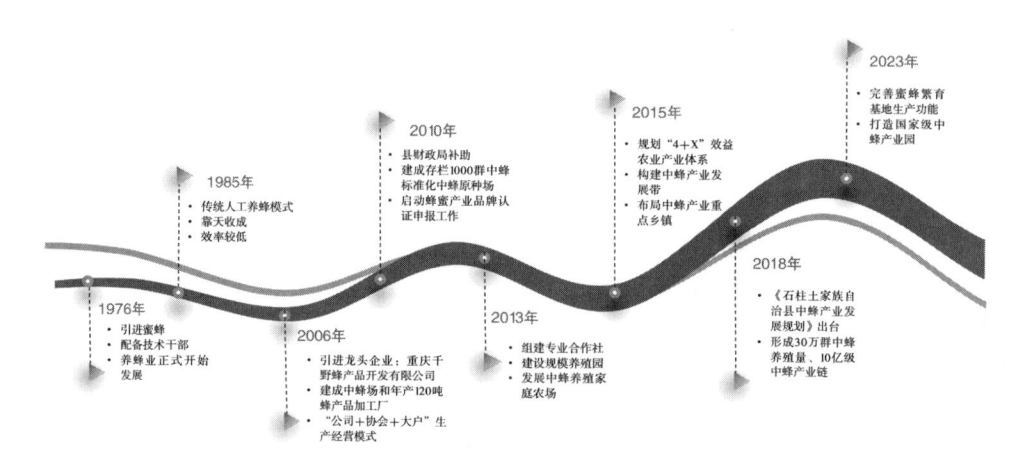

图 4　中益蜂蜜发展历程

三、中益蜂蜜地理标志运用困境及原因

（一）中益蜂蜜地理标志运用困境

1. 基于中益蜂蜜地理标志运用主体视角的问题分析

（1）社会公众对地理标志的认知程度较低

目前社会公众对于地理标志的认知程度仍然不高，多数人只熟悉如新疆哈密瓜、浦北妃子笑荔枝、湖南华容稻等广为人知的地理标志，而对于一些不太常见、与生活关联度不高的地理标志，了解极为有限。

实践团在华溪村调研期间了解到，石柱县当地村民大多听说过中益蜂蜜，但对于中益蜂蜜与地理标志的关联性却知之甚少。从根本上看，这是由于村民们对地理标志的意义与用途缺乏认知，即使中益蜂蜜成功申报地理标志后，村民们也不知如何运用与规划，致使中益蜂蜜地理标志在全国的知名度较低。通常情况下，村民们只要遇到较为合适的价格就会将蜂蜜卖出，未能将蜂蜜销售与地理标志紧密结合，实现联合发展，更不用说主动为中益蜂蜜地理标志提升知名度了。再加上目前部分相关行业的企业不愿意在农产品地理标志上投入过多宣传费用，这也直接导致了农产品地理标志宣传的力度不足，大大影响了部分农产品地理标志知名度的提升。

（2）个体对地理标志的运用意识不强

在我国上万件的地理标志商标中，有一些地理标志虽已成功申报，却因运用意识不强，没有意识到地理标志农产品的潜在价值，相关主体没有及时地投入生产、加工、制造，更没有对所生产的产品进行宣传推广，无形之中就错失了很多发展机遇和提高曝光度的机会。若地理标志在完成注册后不能得到合理的运用，便无法进一步挖掘其更深层次的经济效益。

在华溪村调研期间，实践团了解到中益蜂蜜的生产标准化程度并不算高，品质稳定性不强，难以建立稳固的品牌形象与声誉，品牌建设基础也有待加强。另外，当地的小农户参与品牌建设的作用发挥得不够，只有一小部分村民从事养蜂和酿蜜工作，中益蜂蜜地理标志的发展陷入停滞状态，其中的主要原因在于个体对中益蜂蜜地理标志的推广力度不够，运用意识不强。

（3）地理标志缺少长效管理

地理标志的长效管理，主要是指在管理过程中，应坚持可持续发展的思想，保证地理标志产品的高质量，实现地理标志的持续稳定发展。由于地理标志会严重影响其企业的未来发展，因此如果地理标志产品出现质量低劣等情况，就会破坏地理标志产品的声誉。

在华溪村调研期间，实践团了解到受生产技术制约，石柱县中益乡尚未形成系统的质量管控体系。而地理标志作为一种代表地域特色，在很多情况下，却被私人注册为个人专有的商标权，这种做法也损害了同地区其他从业者的合法权益，也凸显出现如今农产品地理标志注册与管理秩序的混乱。

2. 基于中益蜂蜜地理标志运用管理视角的问题分析

（1）政府宣传力度不够

实践团在调研中了解到，在习近平总书记走访调研之后，石柱县中益乡华溪村进入了世人的视野，从而有力带动了当地部分产业的发展，比如初心小院、初心邮局应运而生，同时，中益蜂蜜也逐渐为重庆当地居民所熟知，但政府对中益蜂蜜的宣传力度还不够大。虽然中益蜂蜜因此成为新的地理标志产品，但由于宣传推广力度不足，其产业发展仍然受限，难以支撑当地村民大规模开展蜜蜂养殖和蜂蜜采集工作。

（2）地理标志易出现滥用现象

地理标志产品本质上属于公共物品，因此，地理标志产品产生的负面效应也会延伸到公共物品领域，进而对相关经济学领域的发展造成影响。比如说，一些企业对地理标志制度的认知程度严重不足，却错误地将地理标志的使用权视作自己的一项专有权利。同时，当地有一些相关企业，生产出来的蜂蜜质量很差，定价却出奇地高，另外，还存在滥用、盗用中益蜂蜜的现象，这些问题严重阻碍了中益蜂蜜地理标志在当地的长远发展。

（二）中益蜂蜜地理标志运用困境的原因

1. 基于中益蜂蜜地理标志运用主体视角的原因分析

（1）缺乏龙头企业引领

从对中益蜂蜜地理标志运用存在问题的分析中可以看出，当下中益蜂蜜的产业化层次还比较低，主要原因是缺少龙头企业的引领。缺乏龙头企业引领主要表现为以下三个特征：首先，中益蜂蜜产业中的企业数量非常少，实践团在调研中发现，从事蜜蜂养殖和蜂蜜酿造的企业仅有一家，而且其规模较小，更不用说经营规模和市场份额了，市场竞争力也毫无疑问会遭到极大削弱。其次，由于中益蜂蜜产业缺少龙头企业的引领，因此整个行业的技术水平较低，供应链体系不完善，导致其和政府、企业的合作相对较少，这也使得产品的创新能力不足，从而无法更好地加强行业竞争力。最后，由于中益蜂蜜产业缺少龙头企业的引领，整个行业的发展动力不够大，也就无法更好地开拓市场，因而行业发展受到限制。

（2）内部治理能力欠缺

通过调研发现的问题可知，中益蜂蜜品牌缺少长效管理，其深层次的原因主要有以下两点：

首先是蜜蜂的品种比较混杂。虽然目前石柱县已经建成了中蜂养殖场，但是调研团队在真正进行现场查看时发现，养殖场中蜜蜂的种类繁多，主要是阿坝中蜂和华南中蜂血统，还摆放着饲养其他蜜蜂品种的蜂箱。造成这种现象的原因是：在国家大力推进乡村振兴、脱贫攻坚工作的背景下，石柱县政府也积极响应，期望通过发展中蜂产业助力本地的扶贫工作，但是由于产业内部专业人员较少，治理能力严重不足。部分产业负责人为了追求过高的经济价值，频繁从外地随意引进不同类型的蜂种，最终导致本地蜂种血统驳杂。

其次是中蜂产业的发展很容易夭折。石柱县大部分蜂业企业存在专业人员匮乏、专业技术能力薄弱以及经营管理能力欠佳的问题，进而导致企业内部的治理能力严重不足。同时，养蜂受当地气候的影响极大，一旦蜜源花期缺少晴天，蜜蜂就很容易绝收，这不仅极大地打击了当地养蜂村民的积极性，也对中益蜂蜜产业的发展十分不利。

2. 基于中益蜂蜜地理标志运用管理视角的原因分析

(1) 立法不健全、不完善

相比欧洲各国，我国的地理标志保护模式还只是雏形，处于初级阶段。在国务院行政机构改革之后，原产地标记的管理工作由新成立的国家市场监督管理总局负责，然而原有相关法规并没有废除，这就造成了同一部门实施两套不同制度的现象，进而衍生出了一些管理上的混乱情况。

目前我国已经出台了相关法律用于地理标志体系的保护，然而其中仍然存在着很多问题，比如，在地理标志保护过程中，行政部门和司法部门依据不同的法律执行，于是在管理权限上发生冲突。这不仅让地理标志的权利人在权益保护方式的选择上陷入困惑，进而造成市场秩序混乱，也让消费者对此产生混淆，不利于市场的长效管理和平稳运行。

(2) 监管机制尚不完善

在监督责任体系的构建与具体施行过程中，受各类主客观因素的综合影响，监管核心仍未明确确立，各监督机构未能有效整合为有机整体。这致使内部监督与外部监督缺乏协同，力量分散且盲目，"漏监""虚监""难监"等不良社会监管现象屡见不鲜，监督形式存在明显缺陷。

此外，监管部门对于地理标志产品质量标准的规定不够详尽，符合地理标志标准的产品与普通产品在特征上极为相似，甚至几近无差，未能精准凸显本地域产品的独特特性与鲜明特色。若监管机制持续维持现状，不对地理标志加以妥善保护，不法分子便有机可乘，通过制假售假等不正当商业行为谋取私利，这不仅会损害消费者的权益，还会对合法生产者造成严重冲击，使其丧失宝贵的业务机会，而且已获公认的产品声誉也将蒙尘。

(3) 中介组织功能发挥欠佳

在农产品地理标志保护工作中，中介组织未能充分发挥其应有的作用，这无疑进一步加剧了地理标志保护的难度。在国外，中介组织是地理标志保护的重要力量。以德国和法国为例,其葡萄酒闻名于世,两国均设有酒业协会,对葡萄酒地理标志进行全方位保护与推广;意大利的牛肉火腿声名远扬,同样拥有专业组织负责其保护与宣传工作。这些组织在各自特定行业内,对地理标志的维护以及品牌的长远发展发挥着举足轻重的积极作用。

反观国内,据调查了解,专门针对地理标志,尤其是农产品地理标志的保护组织极为匮乏。中介组织本应在政府管理部门、监管部门与地理标志生产者、传播者之间起到协调与桥梁作用,然而我国此类中介组织的缺失,导致信息传递与工作衔接出现断层。一方面,无法及时接收并传达政府部门的通知与扶持政策;另一方面,难以有效组织和凝聚地理标志相关从业者,使得农产品地理标志的保护工作面临重重困境,问题日益严峻。

四、中益蜂蜜地理标志运用的治理对策

(一)针对中益蜂蜜地理标志运用主体的治理对策

1. 加强地理标志的社会宣传

地理标志申报后的发展困境,主要在于使用主体缺乏运用意识,导致"重申报、轻使用"的现象普遍存在。为促进地理标志在申报后能够得到充分运用与发展,必须加强社会宣传,提升全社会对地理标志的认知水平。基层组织应与农民、企业、行业协会开展深度交流并收集反馈。以华溪村为例,作为武陵山片区典型的贫困村,当地农民普遍文化素质较低,信息获取能力不足,对地理标志的运用意识亟待加强。基层组织应结合当地实际情况,采用鲜明导向且通俗易懂的方式,真正融入群众之中,通过寓教于乐的形式开展宣传教育。例如,举办地理标志专题讲座、发放宣传手册、开展面对面交

流，还可以利用互联网播放地理标志知识宣传片等，从而增强各类主体对农产品地理标志的使用意识。[2]

2. 加强产品质量控制

为保障农产品地理标志在申报后的持续发展，中益蜂蜜地理标志在生产、贮藏和销售环节，必须严格遵循《中华人民共和国农产品质量安全法》《国务院关于加强食品安全监督管理的特别规定》等相关法律法规。通过强化质量检查，建立健全督促生产者依标依规生产的制度，确保农产品地理标志的独特品质与特色得以传承和保持。

3. 遵守相关法律法规

（1）国家市场监督管理总局于2022年4月12日发布了《蜂产品生产许可审查细则（2022版）》。企业应当自查软硬件生产条件是否符合该审查细则的要求；蜂产品标签标示，是否按照第38条的要求开展，并建立食品标签审核制度；蜂产品制品应当在产品标签主展示面上醒目标示反映真实属性的专用名称"蜂产品制品"，字号不得小于同一展示面板其他文字，不得使用"蜂蜜""蜂蜜膏""蜂蜜宝"等名称；蜂产品制品标签上的配料表应当如实标明蜂蜜、蜂王浆、蜂花粉或其混合物的添加量或在成品中的含量。

（2）国家市场监督管理总局令第60号《企业落实食品安全主体责任监督管理规定》自2022年11月1日起施行。该规定要求明确企业主要负责人、食品安全总监、食品安全员等的岗位职责；企业制定食品安全风险管控清单，建立健全日管控、周排查、月调度工作制度和机制。[3]

第一，沙星类：《食品安全国家标准 食品中41种兽药最大残留限量》（GB 31650.1—2022），该标准于2022年9月20日发布，2023年2月1日实施。对蜂蜜进行抽检并要求不得检出，按照1.0ppb进行判定。2023年抽检计划已出，沙星类按照GB 31650.1—2022再次被列入抽检计划中，并按照5ppb

进行判定。

第二，头孢类：《食品安全国家标准 蜂产品中头孢类药物残留量的测定 液相色谱-串联质谱法》（GB 31657.3—2022）代替之前的GB/T 22942—2008。该标准于2022年9月20日发布，于2023年2月1日实施。限量要求：规定蜂蜜、蜂王浆和蜂王浆冻干粉中头孢氨苄、头孢拉定、头孢唑林、头孢哌酮、头孢乙腈、头孢匹林、头孢洛宁、头孢喹肟、头孢噻肟等的残留检测限和定量限（见表1）。

表1 头孢类药物残留检测限和定量限

单位：μg/kg

药物	头孢氨苄、头孢拉定、头孢匹林、头孢洛宁、头孢喹肟、头孢噻肟		头孢哌酮	头孢乙腈	头孢唑林
检测限	蜂蜜	0.5（2）	2.0	4.0	10（10）
	蜂王浆	1.0			
	蜂王浆冻干粉	2.5			
定量限	蜂蜜	1.0	4.0	8.0	20
	蜂王浆	2.0			
	蜂王浆冻干粉	5.0			

第三，污染物限量：《食品安全国家标准 食品中污染物限量》（GB 2762—2022）：该标准于2022年6月30日发布，2023年6月30日实施。铅含量：蜂蜜加严，油菜花粉和松花粉放宽（见表2）。

表2 标准中铅（Pb）限量修订

单位：mg/kg

污染物	食品类别	GB 2762—2017	GB 2762—2022
铅（以Pb计）	蜂蜜	1.0	0.5
	花粉（松花粉、油菜花粉除外）	0.5	0.5
	油菜花粉	0.5	1.0
	松花粉	0.5	1.5

4. 加强龙头企业引领作用

所谓"公地悲剧"现象,即公地作为一项资源或财产有许多拥有者,他们中的每一个都有使用权,但没有权利阻止其他人使用,而每一个人都倾向于过度使用,从而造成资源的枯竭。[4] 地理标志商标正如这"公地"。地理标志属于区域公用品牌,也就是母品牌,普通商标属于企业自有品牌,即子品牌,而生产经营者往往会更关注自己企业商标的发展,这其实就是"公地悲剧"现象。如何处理好商标与地理标志之间的关系,化解"公地悲剧",对于企业与地方协同发展尤为重要。

(1) 实施"母子"品牌互利战略

在创业初期,企业品牌往往缺乏知名度,此时会重点使用地理标志商标,借助其声誉吸引消费者。随着企业的发展,其自有品牌(子品牌)逐渐树立,甚至可能超越地理标志的影响力,如"涪陵榨菜"与"乌江榨菜"。此时,企业可能会更倾向于突出自有品牌。然而,基于"母子"品牌互利战略,企业即便发展壮大,也不应弱化甚至放弃母品牌。只有在不同发展阶段,让企业品牌与地理标志相互配合、相互促进,才能真正实现互利共赢。

(2) 鼓励龙头企业发挥引领作用

积极培育地理标志龙头企业,鼓励龙头企业充分发挥其在资金、技术、渠道、物流和宣传等方面的优势,带动农民生产标准化的地理标志产品。通过整合地理标志资源、企业资源和农民资源,形成产业化联合体,化解同质化竞争,共同打造区域地理标志品牌。[5]

(3) 大力宣传地理标志

与前文提到的提升地理标志社会认知不同,这里的宣传旨在通过多种手段将地方地理标志农产品推向全国,提升其知名度,从而实现更高的经济效益。地理标志虽有品质保障属性,但前提是必须获得消费者的认可,而这必然离不开广泛而深入的宣传推广。[6]

5. 扩大生产规模

据调查，重庆市石柱县华溪村蜂蜜生产基地是中益乡唯一的土蜂蜜生产基地。该基地覆盖全乡7个村，现有蜂农470户，养殖总量达8000群。然而，中益村民坚持一年只取一次蜜，且每次只取一半，因此这里的蜂蜜往往被提前预订一空。实践团到访时，中益蜂蜜已销售完毕，外地游客也难以购买到土蜂蜜，这在一定程度上制约了中益蜂蜜地理标志品牌的发展。

为突破这一瓶颈，应扩大蜜蜂养殖规模，增加中蜂标准化示范场的数量，并向更多村民传授养蜂技术与技巧。同时，派驻专业养蜂技术人员，为养殖户提供及时的技术指导服务。政府也应定期组织养蜂专家团队，深入现场为蜂农进行技术指导和培训，确保每户蜂农都能掌握中蜂健康养殖、病虫害及敌害防治、蜂王邮寄等关键技术。在维持蜂蜜高品质的前提下，提升蜂蜜产量，才能充分发挥石柱县中益乡的地理优势，打造更具知名度的中益蜂蜜地理标志品牌。

6. 推进"蜂文旅"融合发展

中益乡以"蜂文旅"融合为思路，打造了中华蜜蜂小镇。这里有一排排土黄色的农房搭配蜜蜂主题彩绘，以及蜜蜂IP形象"圆小益"和蜜蜂形状路灯，营造出独特的风貌。目前，小镇已开设100家"蜜蜂人家"主题农家乐，并建成14个蜜蜂主题文旅及配套项目，如"中华蜜蜂谷""中华蜜蜂科普馆""蜜蜂主题亲子游乐园"等，持续助力村民增收致富，推动中益乡乡村振兴进程。[7]

（1）充分利用已有设施

尽管中华蜜蜂小镇已形成了浓厚的蜜蜂文化氛围，尤其是"中华蜜蜂科普馆"，其独特的外观吸引了众多游客的目光——三只栩栩如生的大中蜂停驻房顶，门口是两只"圆小艺"动漫形象塑像。然而，在实践团调研期间，科普馆并未开放。此外，蜜蜂主题亲子游乐园也因天气等原因长期关闭，仅在某天傍晚偶然开放，且未明确告知游客开放时间，导致许多外地游客错失体验机会。暑期是旅游旺季，大量游客和高校实践团到访，本是宣传中益蜂蜜地理标志和中蜂文化的绝佳时机，却因"重打造、轻使用"而错失良机。因此，中华蜜蜂小镇应充分利用现有设施，避免"空有其表"，真正发挥其价值，提升小镇声誉，促进村民增收。

（2）打造更多文创产品

尽管中华蜜蜂小镇极具特色，但游客在此却难以找到可供带走的纪念品。实践团调研发现，只有初心小院的初心邮局售卖少量文创产品。中益蜂蜜已有"圆小艺"蜜蜂动漫形象，可将其开发为钥匙扣、小吊坠、玩偶等文创产品，或结合土蜂蜜、蜜蜂小镇等地方特色，制作成明信片、冰箱贴等纪念品。这些产品不仅能满足游客的纪念需求，还能促进村民增收，同时也宣传了中益蜂蜜。纪念品店无须奢华，可以设在民宿、农家乐的一角，或科普馆、游乐园的出入口处，既能增强游客的体验感和参与感，又能通过游客的传播，起到宣传推广的作用。

7. 促进地理标志联合发展

石柱县凭借其优越的生态环境，孕育了石柱黄连、石柱辣椒和中益蜂蜜三大国家地理标志商标。石柱被誉为"中国黄连之乡"，黄连种植历史超过700年，是中国黄连的发源地；石柱辣椒自2001年起规模化种植，跻身全国十大名椒之列，其集体商标还获得了"无公害农产品认证"和"A级绿色食品认证"称号；中益乡则有着1200多年的养蜂历史，养蜂传统世代相传。这三大地理标志产品背后，共同彰显了石柱人民"敢吃黄连苦，不怕辣椒辣，后享蜂蜜甜"的坚韧与乐观精神。

因此，可以将黄连、辣椒和蜂蜜组合成农产品套装进行销售，并以"敢吃黄连苦，不怕辣椒辣，后享蜂蜜甜"为宣传标语，推动当地地理标志农产品的联合发展,形成协同共进的良好局面。

此外,中益乡近年来发展了250多亩蓝莓种植,并计划进一步扩大规模。在蓝莓授粉环节,传统的人工授粉不仅增加成本,且对产量和品质提升有限。相比之下,蜜蜂授粉不仅能节省人工成本,还能显著提高蓝莓的产量和品质,使果实饱满且外形优良,同时还能收获蜂蜜、蜂花粉等副产品。光明村村集体已与中益蓝美公司合作,建立了蓝莓蜜蜂授粉示范基地。因此,应鼓励更多农户掌握蜜蜂授粉技术,并将其应用于蓝莓、脆桃、脆红李等其他作物,充分利用本地资源,实现互利共赢,推动产业协同发展。

(二)针对中益蜂蜜地理标志运用管理的治理对策

1. 加大政策扶持力度

地方知识产权管理部门应在项目分配、部门协作、政策落地等方面对纳入名录的地理标志予以倾斜支持,加大在品牌培育推广、线上线下营销、产业融合发展以及金融服务保障等方面的支持力度。为促进特色农产品产业发展,应根据实际情况制定农产品地理标志发展规划,以有计划、有针对性的方式进行管理。加强农产品地理标志的研究和保护注册工作,并进一步加大推进力度。积极探索农产品地理标志登记保护示范区建设,打造标准化示范场。

加强专业技术人才队伍建设,注重技术人才培养,强化标准化管理。与科研院校及相关单位合作,培养专业人才,培树本地龙头企业,开展精深加工,提高中益蜂蜜附加值,提升产品品质。同时,培养文旅服务人员,大力发展第三产业,增加农民收入,进一步增强农民运用地理标志的主动性。[8]

2. 严厉打击农产品地理标志侵权假冒行为

落实农产品地理标志保护要求,加大巡查检查力度,定期与不定期对地理标志生产使用情况进行监督检查，以严厉打击伪造或擅自使用标志等违法违规行为。加强对在相同或近似产品上使用意译、音译、字译或标注"种类""品种""风格""仿制"等地理标志"搭便车"行为的规制和打击。建立健全互联互通的工作机制，明确职责分工，细化工作举措，切实加强对农产品地理标志的培育和保护。[9]

3. 完善相关立法及制度保护

2020年，国家知识产权局发布了《国家知识产权局关于就〈地理标志保护规定（征求意见稿）公开征求意见的通知〉》（简称《地理标志保护规定（征求意见稿）》）及修改说明，明确《民法典》将地理标志列为知识产权保护客体，但现行法律法规已难以满足地理标志保护的现实需求。目前，我国尚未形成统一的地理标志法律制度，地理标志商标、地理标志保护产品、农产品地理标志长期并行，尽管农业农村部于2022年11月发布公告，不再办理农产品地理标志登记，但部分市场主体在申报、保护、运促方面仍思路不明，甚至同一地理名称可能同时受到《商标法》和《地理标志产品保护规定》双重保护，导致法律适用冲突。

为解决这一问题，必须提升地理标志的法律位阶。首先，应制定一部融合性、统一性的地理标志法，涵盖地理标志商标和地理标志产品的相关规定。其次，应强化地方性立法，结合各地地理、人文及行政资源差异，因地制宜出台相关法规规章，加强地理标志的运用及保护工作。[10] 最后，应提升地理标志法律保护及侵权救济水平。一方面，结合我国国情和立法现状，完善立法保护体系；另一方面，明确不同程度侵权行为的救济方式，细化赔偿方式和数额标准，为地理标志保护提供更有力的法律支持。[11]

五、结语

农产品地理标志不仅对推动乡村经济发展具有重要作用，也为我国知识产权发展和法治化国家建设注入动力。它不仅能提升我国农产品在国内乃至国际市场的竞争力，还能有效助力解决"三农"问题。在当下，促进特色农产品发展既是顺应人民群众需求的务实之举，也是推进质量兴农、绿色兴农、品牌兴农的关键路径，更是实现乡村振兴战略的重要抓手。因此，加强农产品地理标志的有效运用，对于发展农村经济、实现乡村振兴战略而言，是极为必要且关键的一步。

石柱县中益乡凭借其得天独厚的地理环境和悠久的养蜂历史，酿造出品质卓越的蜂蜜。然而，地理标志对乡村振兴的带动作用，关键在于有效运用。仅靠申报成功是远远不够的，还需龙头企业引领、政府大力支持、农户主动参与，以及统一法律制度的保障。只有通过这些措施，才能打造具有全国知名度的国家地理标志品牌，带动产业发展，充分发挥农产品地理标志在发展区域经济、打造特色品牌、促进农民增收等方面的重要作用，推动农业供给侧结构性改革，助力农民脱贫致富，实现乡村振兴。

参考文献

[1] 罗贤为，岑亚豪，李小华等. "世界蜜蜂日"中国主会场活动在我县开幕[N]. 石柱报，2021-05-22（1）.

[2] 杨芳. 原阳大米地理标志使用及治理对策研究[D]. 昆明：云南师范大学，2021.

[3] 郭利军. 2022年我国蜂产品市场分析与2023年市场展望蜂蜜篇[J]. 中国

蜂业，2023（4）：13-14.

［4］Hardin，G.（1969）.*The tragedy of the commons.* Science，162（5364），1243-1248.

［5］袁月.关于加强地理标志保护与品牌建设的几点对策：基于广东北部生态发展区地理标志保护现状分析［J］.新农业，2021（14）：62-65.

［6］曾德国.浅析地理标志品牌建设与区域经济发展［N］.中国知识产权报，2019-07-12（8）.

［7］苏畅."蜂文旅"融合中益乡的甜蜜之路［N］.石柱报，2021-07-13（01）.

［8］张月，胡树勇."泊头桑椹"作为农产品地理标志在乡村振兴中的开发利用［J］.果树资源学报，2023，4（4）：86-88.

［9］杨肖艳，姚宗泽，周雪芳等.云南省农产品地理标志发展现状与对策［J］.云南农业，2023（7）：14-17.

［10］申天宇.山西地理标志法律保护问题研究［D］.太原：山西财经大学，2023.

［11］吴彬.我国地理标志法律保护模式的冲突与完善措施［J］.华中农业大学学报（哲学社会科学版），2011（4）：110-114.